幸福是你的名詞還是動詞？

改

當大部分的人都背著沉重的包袱前進時，有些人卻可以悠然自得的輕鬆踱

難道是因為他們擁有比我們更多的財富或

不，他們擁有的是健康的心態。心態決定幸福，你

心

人生視野：46

幸福是你的名詞？還是動詞？

編著　詹詠晴
出版者　大拓文化事業有限公司
執行編輯　廖美秀
美術編輯　林家維

總經銷　永續圖書有限公司
劃撥帳號　18669219
地址　22103　新北市汐止區大同路三段一九四號九樓之一
TEL　（〇二）八六四七—三六六三
FAX　（〇二）八六四七—三六六〇
E-mail　yungjiuh@ms45.hinet.net
網址　www.foreverbooks.com.tw

CVS代理　美璟文化有限公司
TEL　（〇二）二七二三—九九六八
FAX　（〇二）二七二三—九六六八

法律顧問　方圓法律事務所　涂成樞律師

出版日◇二〇一四年七月

國家圖書館出版品預行編目資料

幸福是你的名詞?還是動詞? / 詹詠晴編著.
-- 初版. -- 新北市 : 大拓文化, 民103.07
面 ; 公分. -- (人生視野系列 ; 46)
ISBN 978-986-5886-75-2(平裝)
1. 人生哲學 2. 生活指導
191.9　　103009513

第一章 幸福是一種心態，心態好幸福

第二章

福是一種過程，存在於當下的每個瞬間

第三章

幸福是一種感覺，需要悉心

第四章

幸福是一種寄託，留一方淨土於心底

第五章

幸福是一輩子的堅持，守得住的才是幸

幸福是你的名詞還是動詞？

改變

當大部分的人都背著沉重的包袱前進時，有些人卻可以悠然自得的輕鬆踱步在人生的道路之上
難道是因為他們擁有比我們更多的財富或是更加成功的事業
不，他們擁有的是健康的心態。心態決定幸福，你不能改變現實，但你

心態

第一章

幸福是一種心態，心態好幸福自來

當我們大部分人都背著沉重的包袱前進時，有一部分人，他們卻可以懷著一份悠然自得的心情，笑看人生百態，以風輕雲淡的態度，輕鬆的踱步在人生的道路之上。這一切，難道是因為他們擁有比我們更多的財富，擁有比我們更加成功的事業嗎？不，他們擁有的是健康的心態。心態決定幸福，你不能改變現實，但你能改變心態，改變心態你就會獲得幸福。

假如生活欺騙了你

假如生活欺騙了你，
不要悲傷，不要心急！
憂鬱的日子裡需要鎮靜：
相信吧，快樂的日子將會來臨。
心兒永遠嚮往著未來；
現在卻常是憂鬱：
一切都是瞬息，一切都將會過去；
而那過去了的，就會成為親切的懷戀。

這是普希金著名的詩歌《假如生活欺騙了你》。假如生活欺騙了你，那麼，你又該如何去面對生活呢？

我們先來看一下被「生活欺騙」後的加德納是如何面對生活的：

加德納是電影《當幸福來敲門》中的男主角，他原本有個美滿的家庭，有一天，他得到一批骨密度掃描器的代理權，他以為已經尋找到幸福，沒想到全部的投入卻變成了沉重的包袱。他不得不奔走在大街小巷，繼續追尋他的幸福。他追丟了鞋子，追丟了老婆，但他還是不放棄。

這個絕不放棄的男人，摟著熟睡的兒子，坐在地鐵站的廁所裡，淚流滿面。但他還是努力修好了最後那台儀器，「啪」的一聲，儀器的燈光照亮了黑暗，光明就在眼前。

他曾穿著髒亂的衣服面試，他曾穿一隻鞋子辦公，但他不放棄，一直牽著兒子的手，不停地奔跑，奔跑——直到幸福來敲門！生活就像他手中的那個魔方，在他不停的旋轉下，終於圓滿。在這一過程中支撐他的最大動力，除了寶貝兒子外，就是他始終相信：只要今天夠努力，幸福明天就會來臨。

影片中，加德納飽受挫折，但是他始終沒有放棄。有一天他停在一輛跑車前面，問車主：「你是怎麼做到的？」車主答道：「你只要懂得數字和人際關係就可以了。」他看了看身後高聳的辦公樓和每個人臉上的笑容，又找到了幸福的路標。加德納成為投資人後，走在人群裡，他說：「這短暫的一刻，叫做幸福。」

苦難與幸福是相反的東西，但它們有一個共同之處，它們都直接牽連著靈魂，並且都體現著生命的意義與價值。在通常情況下，我們的靈魂是沉睡著的，唯有幸福和苦難能夠喚醒沉睡著的靈魂。幸福可以令靈魂產生了巨大的愉悅之情，而這愉悅恰源自對生命的美好意義的強烈感受；而苦難則令靈魂產生巨大的震痛，而這震痛源於生命的根基的撼動，打擊了人對生命意義的信心。苦難的價值在於能夠把靈魂震醒，使之處於雖然痛苦卻富有生機的緊張狀態。一個人唯有經歷過磨難，對人生有了深刻的體驗之後，靈魂才會變得豐滿起來，而這正是幸福的最重要源泉。

苦難是人格的試金石，承受苦難的能力最能表明一個人內在的尊嚴高貴與否。對於一個遭受失戀的人來說，只要失戀者真心愛戀著那個棄他而去的人，他就不可能不感到極大的痛苦。但是，同為失戀者，有的人因此自暴自棄，一蹶不振，有的人將之視為仇敵，甚至進行打擊報復，有的人則懷著自尊和對他人感情的尊重，默默的忍受痛苦，這其間就體現了人格上的巨大差異。一個人對痛苦的態度本身鑄造著自身的人格，不論遭受怎樣的苦難，只要他能夠始終勉勵自己以一種堅忍高貴的態度承受苦難，那麼，這個人的人格就會得到不斷的提升。

以尊嚴的方式承受苦難，它所顯示的不只是一種個人品質，而且是整個人性的高貴和尊嚴，這種尊嚴比任何苦難更有力，是世間任何力量所不能剝奪與摧毀的。耶穌以尊嚴的方式承受著被釘在十字架上的痛苦，因此，他受到人類世世代代的敬仰。

人生中，無法挽回的事太多太多。既然活著，就還須勇敢的朝前走去。一個經歷過巨大苦難的人有權利證明，創造幸福和承受苦難屬於同一種能力。一個沒有被苦難壓倒的人是無上光榮的。我們需要的是把痛苦當作愛的必然結果而加以接受，使之化為生命的財富。

一個經歷過巨大災難的人就好像一座經歷過地震的城市，雖然在廢墟上可以建立新的房屋開始新的生活，但內心深處卻有一些東西已經永遠的沉落了。這時候，我們需要遺忘，甚至還需要裝做已經遺忘。

在每一個人的心靈中都會存在這樣的一條暗流，無論你怎樣逃避，它們都依然存在，無論你怎樣面對，它們都無法浮現到生活的表面上來。當生活中的小挫折此起彼伏爭奪意義時，大苦難永遠潛藏在找不到意義的沉默的深淵裡。如果我們能夠認識到生命中的這種無奈，那麼，我們看自己、看別人的眼光就會變得寬容多了，再也不會被喧鬧、複雜的表面現象所迷惑。

人生是一次旅行，而未來就像前方錯綜複雜的道路，沒有人知道即將踏上的旅程將怎樣蜿蜒婉轉，也許遇上虎視眈眈的猛獸，也許遇上荊棘滿布的叢林，但不論怎樣，我們都只能不畏困難的勇敢前進。

天堂、地獄，唯在一心

你我皆凡人，生在天地間，註定逃不脫世俗的牽絆，與其為外境所困，不如用一顆寧靜淡泊的心平和對待。「儘管外在的花花世界是虛虛假假、爭權奪名，只要我們內心的世界無風無浪、無花亦無香，自然會有韓愈所說『與其有樂於身，孰若無憂於心』的知足與自在。」若能得星雲大師的這般智慧，定能夠成為駕馭完美生活的熟練舵手，駕駛生命之舟縱情暢遊人世間。

有一個弟子打坐之時，總覺得有一隻五彩斑斕的蜘蛛在自己身上爬來爬去，他常常被驚嚇得無法入定，於是他便將這事告訴了他的師父——一位老禪師。

老禪師遞給他一支筆，說：「下次這隻蜘蛛再出現時，你把它出現的位置畫下來，這樣才可以知道它從何而來，才能想辦法驅逐。」

當這名弟子再次打坐時，蜘蛛又出現了，他標下蜘蛛的位置，急匆匆的找到禪師。

老禪師指著弟子畫的圈，問道：「難道你還不知它從何而來？」

弟子低頭一看，只見這個圈正畫在自己心的位置。

五色蜘蛛，不在別處，只是源於自己內心的妄念，因而由心所生。佛經上說，「心淨則國土淨」，心中澄明，則處處是淨土，心中有礙，則處處是煉獄。

正如星雲大師所言：「我們的心，每天都是上天堂、下地獄，來來回回周遊。順心如意，歡喜得意，便是天堂；惡念紛飛，受挫憂悒，即地獄。」

日本明治時代有一位著名的南隱禪師，他境界很高，常常能用一兩句話給人以深刻的省思。因此很多人慕名而至，前來問佛參禪。

一天，有一位官員前來拜訪，請南隱禪師為他講解何謂天堂、何謂地獄，並希望禪師能夠帶他到天堂和地獄去看一看。

南隱禪師面露鄙夷之色，細細打量了他一番，然後問道：「你是何人？」

官員說：「在下是一員武將。」

南隱禪師哈哈大笑，並用很刻薄的語言嘲笑道：「就你這一副模樣，居然也敢稱自己是一名將軍！真是笑死人了！」

官員大怒，立刻讓身邊的差役棒打南隱禪師。南隱禪師跑到佛像之後，露出頭來對著官員喊：「你不是讓我帶你參觀地獄嗎？你看，這就是地獄！」

官員頓時明白了南隱禪師所指，心生愧疚，並被南隱禪師的智慧所折服，於是走到禪師面前，恭恭敬敬的低頭道歉。

南隱禪師笑著說：「看啊，這不就是天堂了嗎？」

在聽到南隱禪師的譏諷之後，這名官員尚未思考禪師的用意便勃然大怒，一念之間，便墜入了地獄；反之，當他以坦然平和的心境對待所發生的事情時，天堂也就在眼前了。這正是一念天堂，一念地獄。

天堂、地獄，唯在一心。可以海闊天空，也可以坐困愁城，可以自在生活，也可以憂攘終日，是天堂，是地獄，完全在於自己的選擇。正是這種選擇決定了一個人將成為快樂生活的主人還是憂愁煩惱的奴隸。

你是選擇成為一名智者，還是一名癡人呢？

天堂、地獄其實都在人間，在我們每個人的心中，心中一念善就是天堂，心中一念惡就是地獄。那麼你願意在天堂裡呢，還是地獄裡呢？

第一章

勇敢的心靈是上帝最好的饋贈

一天，上帝宣旨說，如果哪個泥人能夠走過他指定的河流，他就會賜給這個泥人一顆永不消逝的金子般的心。這道旨意下達之後，泥人們久久都沒有回應。

不知道過了多久，終於有一個小泥人站了出來，說他想過河。「泥人怎麼可能過河呢？你不要做夢了。」

「你知道肉體一點兒一點兒失去時的感覺嗎？」

「你將會成為魚蝦的美味，連一根頭髮都不會留下……」然而，小泥人決意要過河。他不想一輩子做小泥人。他想擁有自己的天堂。但是，他也知道，要到天堂，得先過地獄。而小泥人的地獄，就是他將要去經歷的河流。

小泥人來到了河邊。猶豫了片刻，便將雙腳踏進了水中。一種撕心裂肺的痛楚頓時蔓延全身。他感到自己的腳飛快地溶化著。

「快回去吧，不然你會毀滅的！」河水咆哮著說。小泥人沒有回答，只是沉默地往前挪動，一步一步……這一刻，他忽然明白，他的選擇使他連後悔的資格都沒有了。如果倒退上岸，他就是一個殘缺的泥人；在水中遲疑，只能加快自己的毀滅。而上帝給他的承諾，是那麼遙不可及。小泥人孤獨而倔強地走著。這條河真寬啊，彷彿耗盡一生也走不到盡頭似的。小泥人以一種幾乎不可能的方式向前挪動著，一釐米，一釐米……魚蝦貪婪的啄著他的身體，鬆軟的泥沙使他每一瞬間都搖搖欲墜，無數次，他都被波浪嗆得幾乎窒息。小泥人真想躺下來休息一會兒。但他知道，一旦躺下他就會永遠安眠，連痛苦的機會也沒有了。他只能忍受，忍受，再忍受。奇妙的是，每當小泥人覺得自己就要死去的時候，總有什麼東西使他能夠堅持到下一刻。

不知道過了多久，小泥人突然發現，自己居然上岸了。他如釋重負，欣喜若狂，正想往草坪上走，又怕自己身上的泥土玷污了天堂的潔淨。他低下頭，開始打量自己，卻驚奇地發現，他已經什麼都沒有了——除了一顆金燦燦的心，而他的眼睛，正長在他的心上。

天堂裡從來就沒有什麼幸運的事情。花草的種子先要穿越沉重黑暗的泥土才能在陽光下發芽微笑，小鳥要失去無數根羽毛才能夠錘煉出淩空的翅膀。而作為一個小小的泥人，自己只有以一種奇蹟般的勇氣和毅力，才能夠讓生命的激流蕩清靈魂的濁物，然後，照到那顆金質的心，

一個沒有勇氣的人，一定不會取得任何成就。有時候，你一定要鼓足勇氣，做一個「敢做」的人。任何時候，都不要失去勇氣，即使是一件你沒有十足把握的事，也要把勇氣放在心頭。一個有勇氣的人，有時比一個能工巧匠更能獲得成功。

沒有誰的路永遠是一馬平川的，有平坦大道必有荊棘小路，只有堅定的走下去，承受一切悲喜，才能到達幸福的終點，書寫一次美好的旅程。

快樂就在你的心裡

莊子在《逍遙遊》中說道：「朝菌不知晦朔，蟪蛄不知春秋，此小年也。」意思是說樹根上的小蘑菇壽命不到一個月，因此它不理解一個月的時間是多長；蟬的壽命很短，生於夏天，死於秋末，它們自然不知道一年當中有春天和冬天。它們的生命都是短暫的，或許一般人覺得它們可憐。然而，有些生命即使活了幾秒鐘也覺得自己活了一輩子，因為它們有它們的快樂，有些生命活了一輩子，卻感覺恍如昨日夢。人生也是如此，每個人都有每個人的活法，感受的境界也是各自不同，最重要的是彼此能感受到各自生命中的快樂就行。

沒有誰願意在沒唱完想唱的歌之前就離開這個世界。然而很多人在死的時候才突然意識到自己有些事還沒做。而在此之前，這些人也一直在匆匆的忙碌著。

人生中，有些事重要，有些事則不然，你必須知道如何分辨它們。如果你的生活就是一個典型的又忙碌又混亂的案例，那你完全用不著說：「我在這裡過得並不怎麼樣，但我已經在這裡很久了！」哪怕在這裡待了很久，但卻一點兒也不快樂，那留在這裡又有什麼意義呢？

生活裡有著許許多多美好的事物、許許多多的快樂，關鍵在於我們能不能發現。而要發現它，關鍵在自己。

托爾斯泰在他的散文名篇《我的懺悔》中講了這樣一個故事：

在一個寂寞的秋天黃昏，無盡廣闊的荒野中，有一位旅人趕著路。突然，旅人發現薄暗的野道中，散落著一塊塊白白的東西，仔細一看，原來是人的白骨。旅人正疑惑思考時，忽然從前方傳來驚人的咆哮聲，隨著一隻大老虎緊逼而來。看到這隻老虎，旅人頓時瞭解白骨的原因，立刻向來時的道路拔腿逃跑。

但顯然是迷失了道路，旅人竟跑到一座斷崖絕壁的頂上。在毫無辦法之中，幸好發現斷崖上有一顆松樹，並且從樹枝上垂下一條藤蔓。旅人便毫不猶豫，馬上抓著藤蔓垂降下去，可謂九死一生。

好感謝啊！幸虧有這藤蔓，終於救了寶貴的一命。旅人暫時安心了。但是當他朝腳下一看時，不禁「啊」了一聲，原來腳下竟是波濤洶湧、底不可測的深海，怒浪澎湃著，而且在那波濤間還有三條毒龍，正張開大口等待著他的墜落。旅人不知不覺全身戰慄起來。

但更恐怖的是，依靠救生的藤蔓，在其根接處出現了兩隻白色和黑色的老鼠，正在交互的啃著藤蔓。旅人拼命搖動藤蔓，想趕走老鼠，可是老鼠一點也沒有想逃開的樣子。而且每次搖動藤蔓，便有水滴從上面落下來，這是樹枝上蜂巢所滴下的蜂蜜。由於蜂蜜太甜了，旅人竟完全忘記自己正處於危險萬分的境地，此心陶陶然的被蜂蜜所奪。

生命進程中，當痛苦、絕望、不幸和危難向你逼近的時候，你是否還能享受一下蜂蜜的滋味？「塵世永遠是苦海，天堂才有永恆的快樂」是禁欲主義編撰的用以蠱惑人心的謊言。苦中求樂才是快樂的真諦。我們習慣於在面對失去和損失時抱怨過去，卻不懂得如何利用眼下的擁有讓自己快樂起來。

快樂就在我們心裡。當你跋山涉水尋找快樂時，為什麼不去自己心裡找一找？真正的快樂是發自內心的，你不需要戴著燦爛的笑容面具，就已顯得容光煥發了。

上帝把一捧快樂的種子交給幸福之神，讓她到人間去撒播。

臨行前，上帝仍不放心地問：「你準備把它們撒在什麼地方呢？」

幸福之神胸有成竹地回答說：「我已經想好了，我準備把這些種子放在最深的海底，讓那些尋找快樂的人，經過驚濤駭浪的考驗後，才能找到它。」

上帝聽了，微笑著搖了搖頭。

幸福之神思考了一會兒，繼續說：「那我就把它們藏在高山之上吧，讓尋找快樂的人，透過艱難跋涉才能發現它的存在。」

上帝聽了之後，還是搖了搖頭。

幸福之神茫然無措了。

上帝意味深長地說：「你選擇的這兩個地方都不難找到。你應該把快樂的種子撒在每個人的心底。因為，人類最難到達的地方，就是他們自己的心靈。」

可見，生活得快不快樂，全在自己對生活的態度和理解。

快樂是血、淚、汗浸泡的人生土壤裡怒放的生命之花。只有受過寒凍的人才感覺得到陽光的溫暖，也只有在人生戰場上受過挫敗、痛苦的人才知道生命的珍貴，才可以感受到生活之中的真正快樂。

一棵樹不會太關心它結的果實，因為果實只是在它生命液汁的歡樂流溢中自然生長而成的，而只要它的種子是好的，它的根紮在沃土中，它必將結好的果實。真正的快樂是一個人的內在力量的自然而然的實現，本身即是享受。

上帝沒有賜給我們出生在天堂當花草的機會，也沒有賜給我們一雙當小鳥的翅膀，但是，上帝賜給我們一顆勇敢的心靈。

微笑的種子處處可以生根

有一個人常常覺得生活沒有任何意義，除了悲傷就是煩惱，所以，他漸漸地越來越頹廢、越來越憂鬱。

一天，他聽說在遠方的深山裡有一位得道高僧，能夠幫人答疑解惑，便跋山涉水的尋到這座寺廟，向老禪師請教解脫之法。

憂鬱者問：「禪師，我究竟應該怎麼做，才能夠擺脫這悲觀痛苦的深淵，得到充實而輕盈的快樂呢？」

禪師回答：「微笑，對自己微笑，也對他人微笑。」

憂鬱者仍然困惑，又問：「可是我沒有微笑的理由啊！生活如此艱辛，我為什麼要微笑呢？」

禪師略微思索了一下，說：「第一次微笑是不需要理由的，你只要盡情的綻放自己的笑容就可以了。」

「那麼第二次、第三次呢？一直都不需要理由嗎？」

「不要擔心，到第二次、第三次的時候，微笑的理由就自己來找你了。」

憂鬱者踏上了返鄉的歸程，老禪師微笑著目送他離去的背影。

不久以後，寺中來了一位快樂的年輕人，他徑直來到老禪師的禪房外，輕輕地敲了敲門，說：「禪師，我回來了。」他的聲音中充滿了快樂。

老禪師並未打開門，便在屋內問道：「你找到微笑的理由了嗎？」

「找到了！」年輕人興奮地說。

「那麼，你是在哪裡找到它呢？」

「當我第一次對來向我借東西的鄰居微笑的時候，他同樣給了我一個微笑，那一刻，我突然發現天空是那麼遼闊，空氣是那麼清新！第二次，當我走在路上被一個人撞到時，我並沒有憤怒，而是送給他一個微笑，我得到了他發自內心的歉意和感謝，那是人世間多麼美好的情感！第三次，當我把微笑送給在草地上玩耍的孩子時，他們拉著我加入了他們遊戲的隊伍……我不再吝嗇自己的笑容，我把它們送給路上的陌生人，送給街邊休息的老人，甚至送給曾經羞辱過、欺騙過、傷害過我的人們，在這個過程中，我收穫了高於我所付出幾倍的東西，這裡面有讚美、感激、信任、尊重，也有某些人的自責和歉意。這些讓我更加自信、更加愉快，也更加願意付出微笑。」

「你終於找到了微笑的理由。」禪師輕輕地推開房門，微笑著對他說，「假如你是一粒微笑的種子，那麼，他人就是土地。」

微笑，是一朵綻放在臉上的蓓蕾，它植根於人的美好心靈中，閃爍著善良與智慧的光芒。微笑，是一個人最好的通行證，它引導我們告別冬日的寒夜，迎來春天的暖陽。

微笑像一杯清水，滋潤我們乾涸的心靈，微笑像一縷陽光，驅散我們心頭的冷漠；微笑像一杯冰茶，趕走燥熱，帶來清新。

微笑，是世間最美麗的表情，它代表了友善、親切、禮貌與關懷。不會微笑的人，彷彿身旁的空氣都鬱悶得難以流動，待久了只會讓人窒息。長得不美，笑得也不好看，這沒關係，要緊的是，你是否真心誠意的展顏一笑，送給每一位與你擦身而過的熟悉抑或陌生的人。

面對他人，自然而然流露出的微笑既能展現自己的友好、熱情，更能顯示一個人的自信、教養，以及積極的人生態度，從而在對方的心靈中投射下一束溫暖的陽光。

日子不好過，更要認真的過

生活的重擔、工作的壓力、人際的糾纏……每個人都有數不清的煩惱和壓力，擾得人們寢食難安；消費水準提高、物價上漲、買不起房子、租個房子還要整天面對苛刻的房東……面對如此尷尬的處境，人們不禁感歎：「這日子真難啊。」

艱難的日子雖然讓人焦頭爛額，可是我們卻沒有辦法選擇別樣的生活。既然改變不了，那麼不如我們就冷靜地接受，認真的過好每一天，這樣也許我們就會有很多意外的收穫，生活也不會再讓我們覺得痛苦了。

眾所周知，王寶強是個在少林寺裡生活了六年的孩子，因為克制不住內心夢想之火的燃燒，就決定走出少林「闖蕩江湖」了。他從少林寺伙房師傅的口中得知很多師兄弟都去了北京做武打替身，可以拍電影，還可以和很多大明星接觸……被外面五彩繽紛的生活所吸引，也被心中的夢想所牽引，於是王寶強來到北京，開始了所謂的「北漂生活」。

實際上，我們可以想像得到，像王寶強這樣沒有什麼學歷和文憑的人，在「北漂」中註定是不能氣定神閑的。他曾經自己回憶：「那個時候住排房，屋子很小，夏天非常擁擠，五六個師兄弟擠在一個炕上。不過房租很便宜，一個月一百塊，每個人每月也就二十塊錢的租金。」可是，就算你空有一身好武功，也要有戲演才能維持生活。而實際上，只憑當替身的那點拳腳費，幾乎無法維持生活。於是，那個時候的王寶強，幾乎是「替身和工人」並存。

生活的艱難並沒有動搖王寶強的信念，不管生活多難，他都咬緊牙關堅持著。接下去的兩年裡，他忽然和家裡失去了聯繫。又一次訪談中，王寶強的哥哥說：「他到了北京忽然和家裡失去了聯繫，信也沒有，電話也沒有。差不多將近兩年的時間。我媽媽想他都快想出病來了。他忽然有一天打電話回來，說自己得了大獎，一開始我們都還不信呢……」

王寶強的確曾經和家裡失去聯繫，他說：「那個時候沒有錢，就是沒錢打電話。」「而且也不想打，沒混出來個人樣，覺得沒法跟家裡交代，沒臉和家裡人說。」就在那樣孤獨、艱難的歲月裡，王寶強一面做「武替」，一面做工人，才勉強維持了自己的生活。有時候「武替」一天有幾十塊錢，有時候就只有一盒便當，可是即便這樣，王寶強也覺得挺好的，來了北京，能吃飽，還能長見識。

很多師兄都勸他：「寶強，咱回去吧。你說咱們武功也一般，長得也不好，還沒什麼學歷，哪有導演願意要咱們這樣的人呀。不是每個人都有李連杰那樣的好運氣的。」可是，倔強的王寶強就是不肯認輸，就是抱定了「再難也要堅持下去」的觀點，堅決要留在北京打拼。記得蒲松齡曾經寫過這樣的落第自勉聯：「有志者，事竟成，破釜沉舟，百二秦關終屬楚；苦心人，天不負，臥薪嚐膽，三千越甲可吞吳。」不知道是不是因為他「愚公移山」的精神感動了上帝，好運終於飄然降臨了。

李揚導演相中了他，電影《盲井》中的優秀表演讓他一舉成名，並榮獲了當年金馬獎最佳新人獎。隨後，馮小剛導演找到了他，他和中國最優秀的幾個一線大明星、眾多影帝影后加盟《天下無賊》。那個憨厚的「傻根」讓人們一下子記住了他的名字。王寶強的星途從此一帆風順。

很多人認為王寶強之所以能越來越好，是因為他太幸運了。可是王寶強卻說，我並不是幸運的一個，能夠有今天的成績，是因為我一直沒有放棄，儘管日子很難過，但是我一直在認真過好每一天。

儘管在生活中，我們每個人都會遇到各種各樣的磨難和考驗，可是只有能夠認真的過日子的人，才能在最後的關頭突破自己，創造生活的奇蹟。其實，生活給予我們每個人的機會都是相同的，越是艱難的歲月，就越能提供給我們進步的空間。所以，不要總是抱怨日子不好過，只要我們堅持，認真的過好每一天，我們就能抓住希望。

人生的痛苦具有非凡的價值。勇於承擔責任，敢於面對困難，才能夠使心靈獲得平衡。內心平衡的人，才能時刻感受到幸福所在。

生命沒有必要如此沉重

有一個流浪漢在看不見盡頭的路上長途跋涉，他背著一大袋沉重的沙子，一根裝滿水的水壺纏在他身上，兩隻手分別拿著兩塊大石頭，脖子上用一根繩子吊著一塊大沙鍋，腳腕上繫著一條生銹的鐵鍊，鐵鍊上拴著大鐵球，頭上還頂著一個已腐爛發臭的大南瓜。這個流浪漢一步一挪地吃力地走著，每走一步，腳上的鐵鍊就發出嘩嘩的響聲。他呻吟著，他抱怨他的命運如此艱難，他抱怨疲倦在不停地折磨著他。

正當他頭頂烈日艱難前行時，迎面走過來一位農夫。農夫問：「喂，疲倦的流浪人，為什麼你自己不將手裡的石頭扔掉呢？」

「我真蠢，」流浪漢明白了，「我以前怎麼沒想到呢？」他摔掉了石頭，覺得輕了許多。

不久，他在路上又遇到一位少年。少年問他：「告訴我，疲倦的流浪漢，你為什麼不把頭上的爛南瓜扔了呢？你為什麼要拖著那麼重的鐵鍊子呢？」

流浪漢答道：「我很高興你能告訴我這些。我沒意識到我在做什麼事。」他解開腳上的鐵鍊子，把頭上的爛南瓜扔到路邊摔得稀爛。他又覺得輕了許多。但當他繼續往前走，他又感到了步履的艱難。

後來，有一位老人從田裡走來，見到流浪漢十分驚異：「啊，我的孩子，你扛了一大袋沙子，可一路上有的是沙子；你帶了一個大水壺，可你瞧，路旁就有一條清亮的小溪，它已伴隨著你走了很長一段了。」聽到這些話，流浪漢又解下了大水壺，倒掉了裡面已經發臭的水，然後把袋子裡的沙子倒進一個洞裡。突然他看到了脖子上掛著的沙鍋，意識到正是這東西使他不能直起腰來走路。於是他解下沙鍋，把它遠遠地扔進河裡。他卸掉了所有負擔，在傍晚涼爽的微風中，尋找住宿之處。此時，他覺得自己的腳步輕鬆而愉悅，比原來快樂許多。

原來，生命是沒有必要如此沉重的。生命之舟需要輕載。生活本身就是一份責任和承擔，是絕不輕鬆的，如果再加上額外的不必要的心理負擔，壓力就會更大了。因此，我們應當學會放下心理負擔的包袱，輕鬆簡單地面對自己的生活。

可是，生活中，人們常常給自己增添很多無形的包袱：昨天發生的事情，要及時的總結經驗，並且從中吸取教訓，不到萬不得已，一定不能忘記曾經發生過的痛苦的和悲傷的往事；明天還沒有到來，會發生什麼，都是無法預料的，我們需要做準備……總是害怕不夠，總是在準備，我們就是用這樣的鎖鏈鎖住了幸福，給自己的生命增添了太多的負擔。

每一天的生活都是一個新的開始，所以每一天都應該輕裝上陣，只有這樣，我們才能感受到生活的快樂和愜意。

不嬌柔的生命能煥發新的生機，不計得失的生命能承擔更多的責任，而放下不該有的欲求的生命則能永享快意的人生。

將命運置於不繫之舟，便可隨遇而安

無德禪師一直在四處行腳漂泊，一天經過佛光禪師那裡，於是便去拜訪他。

佛光禪師惋惜地說：「你是一位很有名的禪者，為什麼那麼辛苦地四處奔波，不找一個地方隱居起來呢？」

無德禪師無可奈何地答道：「我也想隱居，可是我拿不定主意，請問究竟哪裡才是我的隱居之處呢？」

佛光禪師不客氣地指出：「你雖然是一位很好的禪師，可是卻連隱居之處都不知道？」

無德禪師開玩笑說：「我騎了三十年馬，不料今天竟被驢子摔下來。」意思是說我三十年來見過不少大風大浪，今天卻被你難住了。於是無德禪師就在佛光禪師這裡住了下來。

一天，有一個學僧問道：「我想離開佛教義學，可以嗎？請禪師幫我抉擇一下。」

無德禪師告訴他：「如果是那樣的人，當然可以了。」
學僧剛要禮拜，無德禪師卻攔住他說：「你問得很好，問得很好。」
學僧道：「我本想請教禪師，可是我還沒有……」
無德禪師打斷他：「我今天不回答。」
學僧執著地問：「乾淨得一塵不染時又怎麼辦呢？」
無德禪師答道：「我這個地方不留那種客人。」
學僧再問：「禪師，什麼是您特別的家風？」
無德禪師說：「我不告訴你。」
學僧不滿地責問道：「您為什麼不告訴我呢？」
無德禪師斬釘截鐵地答道：「這就是我的家風。」
學僧更加不滿了，譏諷道：「您的家風就是沒有一句話嗎？」
無德禪師無奈地隨口說道：「打坐！」
學僧頂撞道：「街上的乞丐不都在坐著嗎？」
無德禪師拿出一枚銅錢給學僧。學僧終於省悟。
無德禪師再見佛光禪師，鄭重其事地說道：「我現在已找到隱居的地方，那就是當行腳的時候行腳，當隱居的時候隱居！」

人活於天地之間，常常為生計所迫使，東奔西走，艱辛勞碌，能做到雲水隨緣之心態者又有幾?更莫奢談逍遙自在了。

一個人對生命之中的一切，總想把牢牢掌握，其實生命永遠都不會讓你完全掌握的。人生不可能完全被掌控，正所謂「謀事在人，成事在天」，生命中總有些難以預料的事情，有時無須太過執著，正如手中的一捧細沙，握得越緊，越容易流失。自以為一切盡在掌握中，一切藏得嚴嚴實實，其實卻十分不牢靠。

我們若看待自己的命運如不繫之舟，行雲流水隨他去，便能隨時隨地，隨遇而安。隨遇而安是生命的高遠境界，是很難學會，甚至是學不來的。宇宙間萬事萬物皆有其自身的規律之所在，水在流淌的時候是不會去選擇道路的，樹在風中搖擺時是自由自在的，因為這是蒼天大地賦予的順其自然之奧義。

人活著，就要走路，人生的路是人走出來的，生命是我們自己決定的。人生最重要的是我們要走出一條不一樣的路，而不在乎它有多曲折。

坦然接受生命的缺陷

一艘飄搖的生命之舟，從時空的長河中緩緩駛來。

舟中有一個剛剛誕生的生命，他不會說、不會笑、不會跳、不會鬧，也不會思考，他只是沉睡著，遠處傳來一個聲音：「你從何處來？要到何處去？」

剛誕生的小生命重複道：「我從何處來？要到何處去？」

生命之舟在時空的長河中默默前行。忽然，又傳來一個聲音：「等一等！我們想與你一同旅行，請載我們同去！」隨著聲音傳來的方向看去，只見痛苦與歡樂、愛與恨、善與惡、得與失、成功與失敗、聰明與愚鈍，手拉著手游向生命之舟。

痛苦從左邊上了船，歡樂從右邊上了船；愛從左邊上了船，恨從右邊上了船……待這些人生的伴侶們進到了船艙，這艘飄搖的生命之舟頓時沉重了許多，艙中的氣氛頓時活躍了，哭聲和笑聲接連從舟中傳出來。

忽然，又一個喊聲傳來：「等一等，等一等，還有我們。」眾人尋聲望去，只見清醒與糊塗、路人與朋友雙雙攜手游來。清醒從左邊上了船，糊塗卻遲遲不肯上去。路人從左邊上了船，朋友也遲遲不肯上去。

「喂！怎麼回事？朋友！糊塗！你們快上來呀！」一個聲音招呼著他們。

「不！除非糊塗先上去，我才會上去！否則，生命是容不下我的！」朋友說。

「不！我也不想上去，我知道我是不受歡迎的！」糊塗說。

「請上船吧，糊塗！你知道你在我的一生中多麼重要嗎？我要得到朋友，首先要得到你，我要成就一番事業，沒有你是萬萬不行的。」船中的生命呼喚著。

於是，糊塗猶猶豫豫地上了船，朋友緊跟著也上去了。飄搖的生命之舟，在時空長河中滿載著前行。

這時，後面又傳來了呼喚聲：「等一等我，別忘了我！我一直在追隨著你哪！」這是死亡的呼喊。

人生實相，就如這艘飄搖的生命之舟，無所牽繫，卻有種種承載。

在死亡的追趕下，生命之舟一路向前。顯然它不肯為死亡停駐，不知是裝作沒有聽見死亡的呼喊，還是不願聽見死亡的聲音，但無論如何，死亡依然緊緊地跟在它的後面，寸步不離。這艘飄搖的生命之舟，必須滿載著痛苦與歡樂、愛與恨、善與惡、得與失、成功與失敗、聰明與愚鈍清醒與糊塗、路人與朋友，在人生的得意與失意間破浪前行。

憑山臨海不繫舟，山水繫不住生命之舟，個人的心願意志也繫不住，它有著自我的軌跡，我們只能將其儘量圓滿，卻不能徹底改變。若想在這茫茫旅途中獲得真實的幸福，唯有認清並接受生命中必然存在的缺陷。

真正幸福的人生，難以圓滿。有苦有樂的人生是充實的，有成有敗的人生是合理的，有得有失的人生是公平的，有生有死的人生是自然的。

靜下來，幸福就來

有位信徒問無德禪師說：「同樣一顆心，為什麼心胸有大小的分別呢？」

禪師並未直接作答，告訴信徒說：「請你將眼睛閉起來，默造一座城垣。」

於是信徒閉目冥思，心中構想了一座城垣。信徒說：「城垣造完了。」

禪師說：「請你再閉眼默造一根毫毛。」

信徒又照樣在心中造了一根毫毛。信徒說：「毫毛造完了。」

禪師問：「當你造城垣時，是否只用你一個人的心去造？還是借用別人的心共同去造呢？」

信徒回答：「只用我一個人的心去造。」

禪師問：「當你造毫毛時，是否用你全部的心去造？還是只用了一部分的心去造呢？」

信徒回答：「用全部的心去造。」

於是禪師就對信徒開示：「你造一座大的城垣，只用一個心；造一根小的毫毛，還是用一個心，可見你的心是能大能小啊！」

心靈的力量是強大，關鍵在於你如何利用。相傳，佛陀出生即能行走，每走一步，腳下便湧現出朵朵金蓮。蓮花在佛教中有其特殊的意義，「佛祖慈悲懷，蓮花朵朵開」，其實，我們每個人心裡都有一朵聖潔的蓮花，也都有品性潔淨的內心。把握這份心，就有機會得取幸福的關照，從而永遠脫離世間的痛苦，得到永恆的快樂。

當下，人們為了生存，其生活已經陷入了日復一日、永無止境的僵局。難道我們寶貴的生命就該這般消耗殆盡了嗎？難道真的就沒有辦法拯救我們的生活了嗎？

靜心，就是我們拯救生活的唯一方法。在這個快節奏的時代，我們比往昔都更加需要靜心。卡夫卡曾留下這樣一段經典之筆：「你無須離開房間，只需坐在桌前聆聽。你無須聆聽，只需等待。甚至無須等待，只需獨自沉靜。這個世界會以完全真實的面貌在你面前自由地展現。它不邀而至，以極致的歡樂在你的腳邊湧動。」

確實如此，面對人生的潮起潮落：靜心可以讓心靈的灰塵得以沉澱、洗滌，讓壓抑的情緒得到盡情地釋放，讓匆忙的步調得以舒緩；靜心可以讓滿懷煩惱的心在洗滌之後，晶瑩剔透，更能感受無窮灑落在天地之間的愛與寧靜；靜心讓心靈更為舒暢靈動，隨處細細感受、細細咀嚼，即使粗茶淡飯入口也會芬芳飄溢；靜心是我們身心健康、性情圓滿的唯一途徑；靜心也是我們在漫漫人生長路中，隨時隨地保有一份愛和覺知的憑藉。

如果有一天，我們的內心能夠做到靜若止水，而且這種感覺能夠常駐於心、永不消逝，那麼無論我們走到哪裡、遭遇何種不幸與苦痛，我們心中始終會留有一潭靜謐的湖水，於是所有的憤怒、怨恨、恐懼都將溶解在這一潭湖水之中，無比清淨、澄澈，愉悅之感就會自心底油然而生。這才是人生最真、最純的幸福之所在。

靜由心生，心不靜，則煩惱生！在繁雜的人世間，能夠保持一份心靈的寧靜，隨時回到自己的內心深處，細細品味生命的微妙，無疑是一種修身養性的人生境界。

第二章
幸福是一種過程，存在於當下的每個瞬間

在每一個當下的瞬間，我們都可以重新開始真實地感受呼吸，擺脫情緒的束縛，重新察覺到自己的獨特與存在，並開始一種全新的人生境界。當我們傾聽身體所發出的聲音，觀察到情緒之中所存有的抗拒、阻礙，或者那些即將拖垮我們的創傷時，請再勇敢一些，迎著情緒的暴風雨逆行而上吧，讓抗拒轉為接納，對阻礙處進行疏通，為那些即將拖垮我們的地方療傷止痛，讓我們此刻的轉變為自己成就一個真實、和諧而又平衡的生活。

雁過無痕，生命是一種過程

相傳在靈山法會上，釋迦牟尼為眾人開示。他手指間拈著一朵花，一句話也不說，只是對著眾生微笑，似乎所有佛法的奧義，都已經在這拈花示眾和微笑之間道盡了。

眾生面面相覷，不知該如何回應。唯有大弟子摩訶迦葉抬起頭，直視著佛陀的雙目，並抱以會心一笑。

釋迦牟尼欣然讚歎道：「吾有正法眼藏，涅槃妙心，實相無相，微妙法門，不立文字，教外別傳，付囑大迦葉。」

這一拈一笑間傳遞了一切，也象徵著一種心靈的和諧、完美與圓融。這就是禪宗的第一次傳燈，摩訶迦葉繼承了佛祖的衣缽，也繼承了他傳法普度眾生的事業。禪法智慧的傳承似乎就在兩人相視一笑間完成了，但智慧的意義卻並未在那個瞬間全部實現。禪宗智慧的刹那芳華與永恆魅力往往是共存的，並行且永不相悖。

保持心正意誠是獲得並維繫禪宗智慧的法寶，而如何才能做到正心誠意呢？這就要如星雲大師所說：「對世間要救苦救難，對他人要感恩戴德，對家屬要共榮共有，對社會要獻心獻力。」而這也是為人修行中永恆的智慧。

「林花謝了春紅，太匆匆，無奈朝來寒雨晚來風。」風雨凋零了春花，往日時光難以再現；光陰似水，時光如梭，所以「自是人生長恨水長東」。

南唐後主李煜將自己人生失意的一番悵恨寄寓在暮春殘景之中，既是自我心情的寫照，也涵蓋了人類所共有的生命的缺憾，將人生易逝、光陰難留的無限痛苦融匯和濃縮在了這千古一歎中。

穿越歲月的長河，無數美好的瞬間都在細雨中凋零隕落，無數壯麗的舉動都在和風裡化為塵埃。雄奇的景觀都將隨光陰而滄桑，堅定的信仰也會遺失在時光的洪荒裡。美麗、感動、快樂、悲傷常常只在剎那之間，如清晨露水，日出即乾涸；如夜色曇花，一夜榮枯。人道「天下黃河九曲十八彎」，然畢竟東流去，這一滴水與那一滴水轉瞬之間就從咫尺到天涯。

生命之所以有力量，在於能為生命留下歷史，為社會留下慈悲，為自己留下信仰，為人間留下貢獻。人的身軀雖然有老死，真實的生命卻是不死的，就如薪火一樣，賡續不已。

生命就在呼吸之間，既然每個人都以同樣的步速在這幾十年的光陰中度過，為何不選擇走得更踏實、更穩健呢？這樣既能自利，又可利人。當走到生命的盡頭，即使不能留下深刻的痕跡，也能夠感受到發自內心的欣慰。

雁過無痕，天空中雖然沒有留下翅膀的痕跡，但是飛過足以。這種飛翔也是一種姿態，它同佛陀的所有智慧姿勢一樣，具有一種永恆不滅的精神魅力。

智慧不是剎那芳華，也不是鏡花水月，它真實地存在於每個人身邊，也將永恆地存在於人世間。真正的智者能夠在這永恆的智慧之光的照耀下，在自己的人生舞臺上演繹出最美麗的傳奇。

別在匆忙中迷失了自己

浮世中許多人為追求舒適的物質享受、較高的社會地位、顯赫的名聲等，使自己庸碌而煩亂；今日的新新人類追求時髦、新潮、時尚、流行，讓自己被欲望所束縛。用心於此，人就會像被鞭子抽打的陀螺，忙碌起來——或拼命打工，或投機鑽營，應酬、奔波、操心……你會發現自己很難再有輕鬆在家讀書的時間，也很難再有與知心好友坐在一起談心的閒暇，你會忙得忽略了自己孩子的生日，你會忙得沒有時間陪父母敘敘家常……這些讓我們失去了簡單的快樂，在複雜的社會中失去了自我。

泰勒是紐約郊區的一位神父。

那天，教區醫院裡一位病人生命垂危，他被請過去主持臨終前的懺悔。他到醫院後聽到了這樣一段話：「我喜歡唱歌，音樂是我的生命，我的願望是唱遍美國。作為一名黑人，我實現了這個願望，我沒有什麼要懺悔的。現在我只想說，感謝您，您讓我愉快地度過了一生，並讓我用歌聲養活了我的六個孩子。現在我的生命就要結束了，但死而無憾。仁慈的神父，現在我只想請您轉告我的孩子，讓他們做自己喜歡做的事吧，他們的父親會為他們驕傲。」

一個流浪歌手，臨終時能說出這樣的話，讓泰勒神父感到非常吃驚，因為這名黑人歌手的所有家當，就是一把吉他。他的工作是每到一處，把頭上的帽子放在地上，開始唱歌。四十年來，用他的歌聲，感染眾多聽眾。他雖然不是一個腰纏萬貫的富豪，可他從不缺少快樂。他過著簡單的生活，有著一顆容易滿足的心。

泰勒神父在之後的一次演講中講到了這件事，他總結道：「原來最有意義的活法很簡單，就是做自己喜歡做的事，並從中發掘到一顆容易滿足的心靈。」

簡單生活並不是要你放棄追求，放棄勞作，而是說要抓住生活、工作中的本質及重心，去掉世俗浮華的瑣務。簡單生活不是自甘貧賤，你可以開一部昂貴的車子，但仍然可以使生活簡化。一個基本的概念在於你想要改進你的生活品質。關鍵是誠實地面對自己，想想生命中對自己真正重要的是什麼。

我們現在所追求的簡單，指的是有快樂意義的生活，真誠、和諧、悠閒且幸福。一個清潔工和一個公司總裁同樣可以選擇過簡單的生活；一個隱居者和一個千萬富翁同樣可以簡化生活，充分享受人生的樂趣；一個八歲的孩子和一位耄耋老人如果認同簡單的做法，也同樣可以快樂終生。

生活不需要很多錢，簡單生活，讓自己快樂才是最珍貴的。簡單生活並非物質的匱乏，但一定是精神的自在；簡單生活也不是無所事事，卻是心靈的單純。回歸內在的真實，才是真正的富足。

回憶昨天，不如活在今天

美娟是某校一位普通的學生。她曾經沉浸在考入明星大學的喜悅中，但好景不長，大一開學才兩個月，她已經對自己失去了信心，連續兩次與同學鬧彆扭，功課也不能令她滿意，她對自己失望透了。

她自認為是一個堅強的女孩，很少有被嚇倒的時候，但她沒想到大學開學才兩個月，自己就對大學四年的生活失去了信心。她曾經安慰過自己，也無數次試著讓自己抱以希望，但換來的卻只是一次又一次的失望。

以前在中學時，幾乎所有老師跟她的關係都很好，很喜歡她，她的學習狀態也很好，學什麼像什麼，身邊還有一群朋友，那時她感覺自己像個明星似的。但是進入大學後，一切都變了，人與人的隔閡是那樣明顯，自己的學習成績又如此糟糕。現在的她很無助，她常常這樣想：我並未比別人少付出，並不比別人少努力，為什麼別人能做到的，我卻不能呢?她覺得明天已經沒有希望了，她想難道這麼多年的拼搏奮鬥註定是一場空嗎？那這樣對自己來說太不公平了。

進入一個新的學校，新生往往會不自覺地與以前相比，而當遇到困難和挫折時，產生「回歸心理」更是一種普遍的心理狀態。美娟在新學校中缺少安全感，不管是與人相處方面，還是自尊、自信方面，這使她長期處於一種懷舊、留戀過去的心理狀態中，如果不去正視目前的處境，就會更加難以適應新的生活環境、建立新的自信。

不能儘快適應新環境，就會導致過分的懷舊。一些人在人際交往中只能做到「不忘老朋友」，但難以做到「結識新朋友」，個人的交際圈也大大縮小。此類過分的懷舊行為將阻礙著你去適應新的環境，使你很難與時代同步。回憶是屬於過去的歲月的，而過去只存在你的印象裡，不屬於現實的生活。一個人要想在以後的生活裡不斷進步，就要試著走出過去的回憶，不管它是悲還是喜，不能讓回憶干擾今天的生活。

在生活裡，我們適當懷舊是正常的，也是必要的，但是因為懷舊而否認現在和將來，就會陷入病態。

不要總是表現出對現狀很不滿意的樣子，更不要因此過於沉溺在對過去的追憶中。當你不厭其煩地重複述說過去時，你可能忽略了今天正在經歷的體驗。把過多的時間放在追憶上，會或多或少地影響你的正常生活。

我們需要做的，是盡情地活在當下。過去的再美好抑或再悲傷，那畢竟已經因為歲月的流逝而淡去。如果你總是因為昨天錯過今天，那麼在不遠的將來，你又會回憶今天的錯過。在這樣的惡性循環中，你永遠是一個失敗的人。不如積極參與現實生活，如認真地讀書、社交，瞭解並接受新生事物，積極參與社交的活動，要學會從歷史的高度看問題，順應時代潮流，不能老是站在原地思考問題。如果對新事物立刻接受有困難，可以在新舊事物之間尋找一個突破口，例如思考如何再立焦點、再創輝煌，不忘老朋友、發展新朋友，繼承傳統、厲行改革等，尋找一個最佳的結合點，從這個點上做起。

有人曾經說過：「不是時間流逝，而是我們流逝。」在已逝的歲月裡，我們毫無抗拒地讓生命在時間裡一點一滴地流逝，卻做出了分秒必爭的滑稽模樣。

回到從前也只能是一次心靈的謊言，是對現在的一種不負責的敷衍。史威福說：「沒有人活在現在，大家都活著為其他時間做準備。」所謂「活在當下」，就是指活在今天，今天應該好好地生活。這其實並不是一件很難的事，我們每個人都可以輕易做到。

要知道，幸福不是因爲擁有的多，而是因爲計較的少。幸福是內心的簡約，是內心的一種簡單，卻執著地堅持。簡約是一種美，是一種樸實且散發著靈魂香味的美。簡約不是粗陋，不是做作，而是一種真正大徹大悟之後的昇華。

唯一擁有的就是當下這一瞬間

一天晚上，小毛的幾個鄰居回家時發現，他正在自家門口的街燈下面挖著什麼。一個鄰居問：「小毛，你究竟在挖什麼？」

「我在找我丟了的鑰匙。」小毛回答。

很快所有鄰居都開始幫他刨起了街燈下面花園的泥土，尋找那把鑰匙。過了一會兒，一位鄰居說：「我們已經找了好一會兒了，但還是找不到。小毛，再回想一下，你最後一次用鑰匙是什麼時候？」

小毛回答：「呃，我把它丟在房間裡，但我不知道是哪兒。」

「什麼？」鄰居大惑不解，「那我們幹嘛要在這裡挖？」

小毛回答：「為什麼？因為房間裡太暗了。難道你看不出來這裡的燈光比房裡要亮得多嗎？」

這則寓言既逗人發笑，也引人深思。事實上，這則寓言暗喻了人們總是把希望寄託於未來，而遺忘了現在。正如小毛不會在他家門外花園找到鑰匙，我們也無法在未來世界中尋找到幸福與愉悅。幸福的鑰匙是鎖在此刻的，儘管這裡有時會非常黑暗。

世人往往都會掉進未來的陷阱，我們經常會想，當到達某一個新境界時，就會有成就感，得到安寧並迎接幸福。我們會告訴自己，當達到某一個目標時我們可以得到平靜。我們告訴自己，大學畢業後這些就會實現，或是在找到好工作賺很多錢、建立了家庭、有了孩子之後，或在達到一些其他人生的目標時。但大多數的情況下，當我們到達了那個目標之後沒多久，就會回到基本的幸福感上。如果我們經常焦慮或緊張，那就算是達成了一些目標，不用多久，那些焦慮和緊張就又會出現了。

人們通常有一種控制未來的欲望。結果，他們就老是活在未來。他們寧可活在那緊張、充滿假設性的未來，也不願意活在平靜的、真實的現在。如果我考試考不好怎麼辦？如果我無法升職怎麼辦？如果我無法支付房貸怎麼辦？這樣，人們就無法享受當下，反而讓對未來的擔憂籠罩了一切。

還有一些活在過去的人，他們一樣無法去經歷當前的事物。我們行走於人生的路上，會遇到無數的事情，其中很多事情是我們自己無法選擇的，但這些事情組成了我們各個人生階段的生活，左右著我們每時每刻的心情。我們很容易把我們所遭遇的事情看得十分重要。於是，我們不斷地把不好的過去在腦海裡重複地播放著：為什麼自己努力經營的情感總會歸於失敗？為什麼自己這樣努力工作還是如此低的待遇？為什麼幸福總是那樣短暫呢？由於這些人總會沉湎於過去的陰霾與輝煌，他們只能始終在過去的陰影中止步不前。

每個人所失去的不會是別的什麼，而只有他現在的生活；每個人所享有的也不是別的什麼，也只是他現在的生活。無論壽命長短，這一真理都同樣適用。雖然每個人的過去並不一樣，但是每個人的現在都是平等的。往事都是過眼雲煙，逝去的歲月如白駒過隙。對一個人來說，無論是過去的歷史還是未來的歲月都是奪不走的，既然是一個人未曾擁有的東西，怎麼可能被別人搶走呢？

所有來自永恆的事物都是外在的形式而已，而且以輪迴不斷的形式出現，對一個人來說，無論是在一百年還是在兩千年乃至在不加限制的時光歲月裡看到的事物，都是在性質上同一的事物，並無二致。尚在人世的長壽者與即將離開人世的人所失去的東西完全一樣。因為，只有當下才是可能被奪走的東西。

人生沒有過去，因為過去已經成為歷史；人生沒有未來，因為未來飄忽不定，無法掌控，唯一擁有的就是當下這一瞬間。因此，我們無需再為以往的過錯而悔恨，也無需對並不屬於我們的明天而翹首企盼。我們只需要把握好當下，過好當下，自然會收穫一個完美的人生。

時間並不能像金錢一樣讓我們隨意儲存起來，以備不時之需。我們所能使用的只有被給予的那一瞬間，也就是今日和現在。

完美只存在於想像之中

沙灘上鋪滿了漂亮的貝殼，活像閃亮銀河的星星。我們懷著欣喜去撿拾，卻發現遠處的那枚總比自己手中漂亮，於是，我們就把手中的丟棄，去找最漂亮的那枚。時間慢慢地過去，潮水就要漲起來了，我們還是遺憾著沒找到最漂亮的那個，抱著寧缺毋濫的固執扔下了手裡最後的那枚貝殼，最後仍是兩手空空的。

生命的過程就像撿貝殼一樣，好像最漂亮得總在後面，而我們所得到的總也不盡如人意，但是，我們不能拒絕著不接受，不然，等你走到生命的盡頭時會發現兩手空空一無所有，即使你不在乎終老時擁有多少，你整個的拾取丟棄的過程也會充滿了不滿足，也會充滿了不快樂。

其實，我們每個人的一生都是不完整的，生命中有些東西原本是可以捨棄的，過於追求完美的結局往往會失去很多曾經擁有的快樂。

沒有一個人是完美無瑕的，難道有缺點和不足就註定要悲哀，要默默無聞，無法成就大事嗎？其實缺憾也是一種美，如同斷臂的維納斯。只要你把「缺陷、不足」這塊堵在心口上的石頭放下來，別過分地去關注它，它也就不會成為你的障礙。

然而，人總是熱衷於比較，很多痛苦便由此而來。在比較的時候，人們看到的總是別人的歡樂，總拿別人如意的地方和自己不如意的地方比，總覺得比別人差，人有時就是這樣的生活在妒嫉與攀比中，常常迷失了自己，讓本有的幸福和自己擦肩而過，每日為此鬱鬱寡歡。實際上大可不必如此，每個人都有痛苦的時候。人之所以痛苦，正是因為不知道有人比自己更痛苦。

佛陀慈悲，他為了消除人間疾苦，有一天把全世界自認為最痛苦的一百個人聚在一起。

佛陀問他們：「你們很痛苦嗎？」

人們爭著說自己非常痛苦。

佛陀說：「好！知道你們都很痛苦，現在每一個人都把你痛苦的事情寫在紙條上。」大家很快就寫好了。

佛陀又說：「現在拿手中的紙條與別人交換。」

這一百人在交換過別人的痛苦後，紛紛傳出驚叫，接著急忙要回自己原先的痛苦。

人生，永遠都是有缺憾的。佛學裡把這個世界叫做「婆娑世界」，翻譯過來便是能容你許多缺陷的世界。本來這個世界就是有缺憾的，如果沒有缺憾就不能稱其為「人世間」。在這個有缺憾的世間，便有了缺憾的人生。

何止人生？世界上根本就沒有絕對完美的事物，完美的本身就意味著缺憾。其實，完美總包含某種不安，以及少許使我們振奮的缺憾。沒有缺憾，生活就會變得單調乏味。

對成功和完美人生的追求，是我們前進的動力，而對失敗的擔心，則讓我們不至於忘記心靈。當追求完美的心情逐漸沉澱下來，凝聚在心靈底層時，我們就可以由此出發，取得力所能及的成就。或許失敗會對我們造成沉重的打擊，但只有經歷這樣的打擊，我們那些不切實際的目標才會轉化為創造性的力量。完美往往只能在想像中存在。定義人性的並不是展翅高飛的精神，而是植根於生活中的心靈。

一個人要想完美，也只有向缺憾中去尋找，最輝煌的人生，也有陰影陪襯。為了看到人生微弱的燈火，我們必須走進最深的黑暗。我們的人生劇本不可能完美，但是可以完整。當你感覺到缺憾，你就體驗到了人生五味，你便擁有了完整的人生——從缺憾中領略完美的人生。

正因為人的不圓滿，才會促使人不斷向上，渴望自身的圓滿，不圓滿，從某種意義上說，正是一個人靈魂飛升的動力所在。因此，正視並珍惜你的不圓滿，努力向上，才是真正健康的心態。

生命之舟載不動太多的物欲和虛榮，要想使之在抵達彼岸時不在中途擱淺或沉沒，就必須輕載，放下貪得無厭，放下因此而衍生的壓力和辛勞，人生便會變得快樂而自由。

人生的意義就在尋求的過程之中

芥川龍之介有一篇著名的小說《河童》，講的是河童這個種族的嬰兒將要出生時，他的父母便會詢問他是否願意降到人間，如果回答不願意，他的生命將會自動消失。

河童是幸運的，可惜的是，人類並無此幸運，沒有人會徵求你的意見：願不願意出生。你就已經降臨人世，有了生命，在呱呱聲中，來不及問一聲為什麼，命運的鞭子就已經催你上路了。

面對洶湧而來的無限時空，人類究竟扮演著怎樣的角色呢？在把目光轉向那玄妙不可知而又必然不可免的命運時，人類在面對物質世界的雄心勃勃和不可一世，是否還能剩下什麼？人活著又究竟是為什麼呢？

「我為何而生？」古往今來，人類何止千百次地這樣追問過自己。我們究竟為什麼而活著，這個問題太簡單又太複雜。有人碌碌一生，未及思考就已經成為人間的匆匆過客；有人皓首窮經，苦思冥想，終其一生也未能參透其中玄機。

茫茫的宇宙中，人類是唯一能夠追問自身意義的動物，這是人類的偉大，也是人類的悲壯。

人生意義之所以成為一個問題，前提是生命的一次性和短暫性。在具體的人生中，每一個人對於意義問題的真實答案很可能不是來自他的理論思考，而是來自他的生活實踐，具有事實的單純性。

人生的意義永遠是不確定的。用薩特式的存在主義的觀點看，活著本身是荒謬的，是沒有人跟我們商量過就胡亂將我們放逐在這個世界上。

人的一生，說白了就是上演一場悲劇。人，在自己的哭聲中、在親人的笑聲中走來，又在自己的無言中、在親人的哭聲中離去。那最初的一哭，就是人生悲劇的開幕；那最後的一哭，就是人生悲劇的謝幕。也許那最後的哭聲的多寡與大小就是現世人生的意義所在吧。

有些人正因為看到了人生的終極意義的虛無，在經歷了人世冷暖、艱難苦恨、富貴榮華、獲得世人稱讚活得有意義之後，選擇了放蕩不羈、遁人空門、離開這個世界。莊子為妻子的死鼓盆而歌；音樂家李叔同放下音樂念起經來；陶朱範蠡散盡巨富隱逸而終；國學大師王國維留下一句「五十只欠一死」跳湖了；歐洲中世紀哲學家奧古斯丁拋棄情人和未婚妻，做了修道士……

我們是否也該效仿前人的「英雄壯舉」？不，你我都沒有資格！只有最聰明、最勇敢的和最愚蠢、最怯弱的人才夠格！正因為他們使我們一眼看到了人生的盡頭，讓我們頭腦清醒，才能達觀地對待身邊的人和事。

人生的意義的珍貴之處不在意義本身，而是寓於對人生意義的尋求的過程之中。英雄冒險的故事之所以吸引人並不是因為最後能夠找到寶物，而是尋寶途中驚心動魄的歷險情境。尋求人生意義就是一次精神領域的尋寶過程，尋求的過程中使我們感到生存是有意義的，有價值的，從而能夠使我們能夠充滿信心地活下去。很多藝術家都視創作為生命，不創作就活不下去。如果超出這一點去問貝多芬為何熱愛音樂，梵古為何要畫畫，他們肯定說不出一個所以然來。人類迄今所創造的燦爛文化如同美麗的雲景，把人類生存的天空烘托得極其壯觀。然而，若要追究雲景背後有什麼，那我們就只能墮入無底的虛空裡了。

所以說，生命的終極意義問題是沒有答案的。無論我們怎樣殫精竭慮，只要不是自欺欺人，我們在這方面就絕不可能有新的收穫。

人來到世上，無非就是為了活一場罷了，生命本身並沒有什麼目的可言。這樣，「為什麼活著」這個問題就悄悄轉化為另一個問題「怎樣活著」。於是，我們為生命設置了目的、信仰、事業、愛情、幸福等等，實際上都只是我們用以度過無目的的生命的手段而已，而生命本身則成了目的。

人生中的很多大問題都是沒有答案的，但是，人類唯有透過思考這些問題才能真正擁有自己的生活信念和生活準則。

圓滿的人生並不是一輩子沒有吃過苦，而是在經歷體驗過苦的滋味之後能夠笑看人生的圓缺盈虛。

你所擁有的就是最好的

一天，一個終日愁苦的青年去拜見一位大師以求得到快樂的良方。

大師說：「只有世界上你認為最好的東西才能使你快樂。」於是，他辭別妻兒，踏上了尋找世界上最好的東西的漫漫旅途。

起初，他遇見了一位重病患者，他問：「你知道世界上最好的東西是什麼嗎？」

病人慨慨地說：「那還用問嗎？是健康的身體。」

青年想，健康我每天都擁有，算不上世界上最好的東西。第二天，他遇見了一個正玩耍的孩童，他問：「你知道世界上最好的東西是什麼嗎？」

孩童想了想，說：「是一大堆玩具。」

這個人搖了搖頭，繼續去尋找世界上最好的東西。接著，他又先後遇到了一個老者、一個商人、一個畫家、一個囚犯、一個母親和一個女孩。

老者說：「年輕是世界上最好的東西。」

商人說：「利潤是世界上最好的東西。」
畫家說：「色彩是世界上最好的東西。」
囚犯說：「自由自在是世界上最好的東西。」
母親說：「我的寶貝孩子是世界上最好的東西。」
女孩說：「我愛過一個青年，他臉上那燦爛的笑容是世界上最好的東西。」
結果沒有一個回答令他滿意。
失望的他繼續走啊走啊，最後，他穿過熙熙攘攘的人群，帶著五花八門的答案又回到了大師那裡。
大師見他回來了，似乎知道了他的遭遇和失望，微笑著說：「先不要去追究你的問題，它永遠不會有一個確切而唯一的答案。你現在考慮這樣一個問題——把你最想念的東西和情景告訴我。」
此時，青年饑寒交迫、蓬頭垢面。他想了一會兒，對大師說：「我出門很多天了，我想念我親愛的妻子和可愛的孩子，想念一家人在冬夜裡圍著火爐談笑聊天的情景……」說到這裡，他長歎一聲：「那是我現在最想念的東西！」

大師拍了拍他的肩，說：「回去吧！你最好的東西就在你的家裡，他們可以使你快樂起來。」

青年疑惑地問：「可我就是從那裡走出來的啊！」大師笑了，說：「你出來之前，不知道自己想要什麼東西；你出來之後——比如現在，你已經知道自己想要什麼樣的東西了。」青年醒悟。

我們常常和這個青年一樣，還不知道最好的東西究竟是什麼，就要去追尋。每個人的心目中，關於最好的、最快樂的答案總是各不相同。有人喜歡唐詩的盪氣迴腸，有人喜歡宋詞的宛轉悠揚，有人喜歡搖滾的激情，有人喜歡輕音樂的淡雅。對於每一個人來講，只要自己擁有的就是最好的。

一個人最大的痛苦不是得不到，而是得到了之後不去珍惜，仍舊覺得不滿足，又去苛求一些不現實的東西。

每個人都想要這個或那個，如果不能得到自己想要的，就會不停地去想，即使得到了想要的東西，又會在新的環境中對其他事物再次滋生同樣的欲望。

其實，我們不必對自己太苛求，事實上每個人都有令人羨慕的東西，也有自己缺憾的東西。沒有一個人能擁有世界的全部，重要的在於自我感覺。

在現實生活中，有些人往往只看遠方的飛鳥而忽視腳下的溪流。這樣的人會一直生活在奔波忙碌之中，因為他的夢是很難實現的。盲目地追求不可能實現的東西，倒不如務實一點，去抓住眼前的事物，哪怕是聽一聽河水的潺潺之聲，也會幫你休息疲憊的身心。

德國哲學家叔本華曾經告誡人們：「我們很少想到自己擁有什麼，卻總是想著自己缺少什麼。不要感歎你失去或未得到的，而應該珍惜你已經擁有的。」不要羨慕別人的生活，別人不見得比你活得好，每個人都有自己的歡樂和痛苦。你所擁有的，也許恰恰是別人所缺少的，與其為別人的擁有而不平，還不如為自己的擁有而開懷。

正視你所失去的，正視你所沒有的，不要盲目羨慕別人，不要與人攀比。珍惜你所擁有的，充分享受你擁有的，因為擁有的，就是最好的。

生命的意義在於莫名其妙的來，順理成章的走。當你失敗了，不妨把它作爲人生財富；當你成功了，就獲得了財富人生。

往事不容再提，明天還要繼續

文學大師魯迅筆下的祥林嫂，心愛的兒子被狼叼走後，痛苦得心如刀割，她逢人就訴說自己兒子的不幸。起初，人們對她還寄予同情。但她一而再、再而三地講，周圍的人們就開始厭煩，她自己也更加痛苦，以致麻木了。

老是向別人反覆敘述自己的痛苦，就會使自己久久地不能忘記這些痛苦，更長久地受到痛苦的折磨。

人生中的許多失敗都已經無法挽回，再去惋惜悔恨也於事無補。與其在痛苦中掙扎浪費時間，還不如重新找到一個目標，再一次奮發努力。

令人後悔的事情，在生活中會經常出現：許多事情做了後悔，不做也後悔；許多人遇到了後悔，錯過了更後悔；許多話說出來後悔，說不出來也後悔……人的遺憾與後悔情緒彷彿是與生俱來的，正像苦難伴隨生命的始終一樣，遺憾與悔恨也與生命同在。

人生一世，花開一季，誰都想讓此生了無遺憾，誰都想讓自己所做的每一件事都永遠正確，從而達到自己預期的目的。可這只能是一種美好的幻想。人不可能不做錯事，不可能不走錯路。做錯了事，走錯了路之後，有後悔情緒是很正常的，這是一種自我反省，是自我剖析與改正的前奏曲，正因為有了這種「積極的後悔」，我們才會在以後的人生之路上走得更好、更穩。

但是，如果你糾纏住後悔不放，或羞愧萬分，一蹶不振；或自慚形穢，自暴自棄，那麼你的這種做法就是蠢人之舉了。

過去的事已經過去，過去的事無法挽回。為採集眼前無蜜的花朵而花費太多的時間和精力是不值得的，道路還長，前面還有更多的花朵，我們唯一能做到的就是繼續前行。昨日的陽光再美，也移不到今日的畫冊，我們唯一能做的就是盡情的去享受今日的陽光。既然如此，我們又為什麼不好好把握現在，珍惜此時此刻的擁有呢？為什麼要把大好的時光浪費在對過去的悔恨之中呢？

過去的事就讓它永遠地過去吧，往事不容再提，明天還要繼續，一味執迷也只是於事無補，倒不如抖落一身的塵埃，繼續上路，相信人生將有更美的風景在前方等待著你。

過去的事情不管是對的是錯的，是美好的還是羞於提起的，那都已經成爲過去，還留戀什麼呢？正確的做法是從曾經的過往，汲取有力量的元素，贏取更加美好的現在和未來。讓過去成爲一種回憶，讓我們一路走下去，走出一片新天地。

以認真姿態去生活

認真是我們對生活、對人生的一種態度，一個懂得事事都認真的人一定是一個熱愛生活且懂得生活的人，他也許會是一個平凡的人，但絕對不會是一個平庸的人，他的生命將因為他的認真而變得充實。他的人生沒有虛度年華，而且在認真對待每一件事情中富有了巨大的意義。

一位年輕和尚一心求道，希望有日成佛。但是，多年苦修參禪，始終沒有開悟。

有一天，他打聽到深山中有一古寺，住持老和尚修煉圓通，是個得道高僧。於是，年輕和尚打點行裝，跋山涉水，千辛萬苦來到老和尚面前。兩人談起了修行。

年輕和尚：「請問老和尚，你得道之前，做什麼？」

老和尚：「砍柴、擔水、做飯。」

年輕和尚：「那得道之後，又做什麼？」

老和尚：「還是砍柴、擔水、做飯。」

年輕和尚於是笑說：「何謂得道？」

老和尚：「我得道之前，砍柴時惦念著挑水，挑水時惦念著做飯，做飯時又想著砍柴；得道之後，砍柴即砍柴，擔水即擔水，做飯即做飯。這就是得道。」

的確，認認真真地去做好手中的每一件事情便是得道。認真對於我們每一個平凡的人來說都是一種生活姿態，一種對生命歷程完完全全地負起責任來的生活姿態，一種對生命的每一瞬間注入所有激情的生活姿態。

認真是行而下層面的行為，它收穫的往往是行而上層面的滿足，它使人生的原生態得以展示，亦使人生的豐富性得以體現。

荷蘭哲學家斯賓諾莎一生貧苦潦倒，以打磨眼鏡片維持生活。白天，他在昏暗狹小的工作坊裡一絲不苟地淬煉、打磨、裝配，每個程式都精益求精，工作情狀幾乎比夜晚在燈下寫哲學著作還要虔誠。在他生活的城市裡，沒有人意識到斯賓諾莎將會成為影響人類精神領域的大思想家，卻都知道他是手藝精湛的工匠。艱辛的工作使斯賓諾莎雙目失明，英年早逝。但若沒有認真打造眼鏡片的工作過程，也就不可能有在思考和寫作中燃燒自我的精神境界。前者為後者奠定了尋求永恆價值的根基，後者是前者在另一種工作形態上的昇華。在為世人尋求光明這個意義上，斯賓諾莎打造的每一副鏡片與寫下的每一頁手稿都具有同等的價值。

透過「認真」這扇發掘人類高貴性的視窗，我們的心房將灑滿黃金般的陽光，所有的沮喪與失望將被戰勝。

人生只有一次，而且時光短暫易失，沒有比這僅有一次的人生更加值得我們去認真對待的了。不管我們的人生發生什麼樣的事情，遇到什麼樣的人，我們都應該認認真真地對待我們生命中的每一分、每一秒。我們為什麼不能做到更好呢？結果也許是重要的，但與過程相比則算不上什麼，人生原來也只是一個過程而已。因此，不管結果如何，我們都應該認真地對待每一件事情，力求將其做到最好。

認真是我們用以觀察和感覺宇宙的全部推力和壓力的方法，它在最細微的縫隙中發揮作用，但它展開了寬廣的前景，以認真的姿態生活的人，也正腳踏實地地走在通向真理的道路上。

快樂是你每一刻所做的選擇

哈佛大學教授威廉斯說：「情感似乎指引著行動，但事實上，行動與情感是可以互相指引、互相合作的。快樂並非來自外力，而是來自於內心，因此，當你不快樂的時候，你可以挺起胸膛，強迫自己快樂起來。」

一位著名的電視節目主持人，邀請了一位老人做他的節目特別嘉賓。這位老人的確不同凡響。他講話的內容完全是毫無準備的，當然絕對沒有預演過。他的話把他映襯得魅力四射，不管他什麼時候說什麼話，聽起來總是特別貼切，毫不做作，觀眾聽著他幽默而略帶詼諧的話語都笑彎了腰。主持人也顯然對這位幸福快樂的老人印象極佳，像觀眾一樣享受著老人帶來的快樂。

最後，主持人禁不住問這位老人：「您這麼快樂，一定有什麼特別的快樂祕訣吧！」

「沒有，」老人回答道，「我沒有什麼了不起的祕訣。我快樂的原因非常簡單，每天當我起床的時候我有兩個選擇——快樂和不快樂，不管快樂與否，時間仍然會不停地流逝，我當然會選擇快樂。如果要祕訣的話，這就是我快樂的祕訣。」

老人的解釋聽起來似乎過於簡單，但是他的話卻包含著深刻的道理。記得林肯曾經說過：「人們的快樂不過就和他們的決定一樣罷了。」你可以不快樂，如果你想要不快樂。你可以告訴自己所有的一切都不順心，沒有什麼是令人滿意的，這樣，你肯定不快樂。但是，如果你要快樂，儘管告訴自己：「一切都進展順利，生活過得很好，我選擇快樂。」那麼可以確定的是你的選擇會變成現實。

「即使到了我生命的最後一天，我也要像太陽一樣，總是面對著事物光明的一面。」詩人胡德說。

快樂是種子，它能生出更多的快樂。生活裡有著許許多多美好的事物和快樂，關鍵在於我們能不能發現。而要發現它，關鍵在自己。

生活快樂與否在於人的心態，當你以樂觀積極的心態生活時，生活也就充滿笑聲，當你不斷抱怨生活時，生活也就如你感覺到的那樣糟糕。是追求寧靜祥和、充滿溫馨的生活，還是陷入埋怨不斷、愁眉苦臉的生活中，就要看你的選擇。

真正的快樂是發自內心的，你不需要戴著燦爛的笑容面具，就已顯得容光煥發。找到快樂唯一要做的就是摒棄你心中的憂慮、欲望、抱怨和仇恨。

彼得拿著剛買的一支牛奶霜淇淋，一邊走一邊吃，感到十分快樂。忽然一不小心，整支霜淇淋掉在了地上，和泥沙混在一起。

彼得傻傻的待在那裡，一句話也說不出來，只是睜大了眼睛看著地上的霜淇淋。

這時，有個老太太走過來，對彼得說：「好吧，既然你碰到這樣壞的遭遇，脫下鞋子，我給你看一件有意思的事情！」

老太太說：「用腳踩霜淇淋，重重地踩，看霜淇淋從你腳趾縫隙中冒出來。」彼得照著她的話去做。

老太太高興地笑：「我敢打賭，這裡沒有一個孩子嘗過腳踩霜淇淋的滋味！現在跑回家去，把這有趣的經驗告訴你媽媽。」

接著，老太太說：「要記住！不管遭遇什麼，你總可以在其中找到樂趣！」

這件事，使彼得很受啟發，他很快學會了這種處世方法。

不久後的一天午後，一場大雨在地面上形成一窪窪的小水坑。彼得的媽媽帶著他，小心翼翼地避開人行道上的積水。不料，一輛計程車從身邊疾駛而過，將兩人的身上濺滿了水。

彼得的母親很生氣，旁邊的彼得卻興奮地對媽媽說：「遇水則發，我們要發了。」正在生氣的母親聽到這樣可愛的童言稚語，也不禁莞爾一笑，兩人快快樂樂地踩著積水回家了。

每件事都含有快樂的基因，如果你不滿意自己的現狀，想改變它，那麼首先應該改變的是你自己，如果你有了積極的心態，能夠積極樂觀地改善自己的環境和命運，那麼所有的問題都會迎刃而解。快樂就是開在寒冬裡的那朵溫馨的花，即便別人拿出整個春天你也不會捨得與其交換。

快樂可使人健康長壽，「笑一笑，十年少」，良好的情緒則是心理健康的保證。情緒即情感，指人的喜、怒、哀、樂等，常伴隨個人的立場、觀點及生活經歷而轉移。愉快的情緒會帶來歡樂、高興、喜悅，能使人心情舒暢、驅散疲勞，使人對未來充滿信心，能承受生活中的種種壓力。

快樂是對自己的一種熱愛，快樂是幸福的必需品，快樂是一種積極的心態，快樂是一種心靈的滿足。你選擇快樂，快樂就會選擇你。

不會欣賞每日的生活是我們最大的悲哀。其實我們不必費心地四處尋找，美本來就是隨處可見的。可惜的是，生活中的此時此地總是被忽略，我們無意中預支了「此刻的生活」。

此刻冥想，用寧靜的心體驗幸福

生活中的每一次滄海桑田，每一次悲歡離合，都需要我們用心慢慢地體會、領悟。如果我們的心是暖的，那麼在自己眼前出現的一切都是燦爛的陽光、晶瑩的露珠、五彩繽紛的落英和隨風飄散的白雲，一切都變得那麼愜意和甜美，無論生活有多麼的清苦和艱辛，都會感受到天堂般的快樂。心若冷了，再熾熱的烈火也無法給這個世界帶來一絲的溫暖，我們的眼中也充斥著無邊的黑暗，冰封的雪谷，殘花敗絮般的淒涼。所以，要經常跟自己的心靈對話，瞭解自己的內心處於怎樣的狀態，並嘗試從心靈的舒展開合中獲取力量。

從來沒有什麼東西能夠束縛住我們的心靈，除了自己。與其在束縛中苦苦尋求心靈和道德的出路，倒不如給心靈鬆綁，在自由之中得到自己的快樂，與他人分享快樂，這才會更加接近幸福。把貪圖財賄看做正確行為的人，不會讓他人獲得利祿；把追求顯赫看做正確行為的人，不會與他人分享美好的聲譽；迷戀權勢的人，不會授人權柄。掌握了利祿、名聲和權勢，便唯恐喪失而整日戰慄不安，而放棄上述東西又會悲苦不堪，而且心中沒有一點鑒識，目光只盯住自己所無休止追逐的東西，不肯與他人分享，這樣的人只能算是被大自然所刑戮的人。但如果不因為高官厚祿而喜不自禁，不因為前途無望、窮困貧乏而隨波逐流、趨勢媚俗，榮辱面前一樣達觀，那也就無所謂憂愁。心中沒有憂愁和歡樂，才是道德的極致。

讓自己的德行像光一樣明亮，但不刻意對人顯耀；行為信守承諾，但不會令人有所祈望。睡覺時不做夢，清醒時無憂慮。活著時好像無心而浮遊於世，死亡時則像休息一樣自然寂靜。心神純一精粹，沒有歡樂與悲傷，對外物沒有喜好與厭惡，持守精神的簡潔和永恆，與世事無抵觸，任何事情都不會違逆心意，獲得心靈的自由與塵世的幸福原來就是如此簡單。

兒時的我們，玩耍在原野裡、荷塘邊、甚至在放學的小路上，我們仍採擷了一路的歡笑；春天隨著彩蝶奔跑，夏天追趕稻浪的馨香，秋天在玉米田裡捉迷藏，冬天用僵紅的小手哈暖氣，四季裡都帶著自然的味道，心情快樂而平靜；而今，我們行色匆匆地在踩不出印記的柏油馬路間穿梭，偶爾的朋友聚會也選擇在迷醉的酒吧和狂躁的KTV裡，心情也是浮躁不安的。喧囂著的不一定是最閃亮的星，沉靜的恆星往往安靜的散發著光芒。當我們警醒著自己要與自然和諧相處時，卻忘記了自身的和諧，只有低調地伏下身去，沉澱了生活中的浮躁，我們才能真正詩意地棲息在這溫暖的大地上。

約翰是一家大型航空公司的經理。一次偶然的邂逅讓他學會了一種「坐在陽光下」的藝術，這讓他第一次能夠在忙碌的生活中找回寧靜的心境。下面是他對這段寶貴體驗的回顧：在一個二月的早晨，我正匆匆忙忙走在加州一家旅館的長廊上，手上滿抱著剛從公司總部轉來的信件。我是來加州度寒假的，但是仍無法逃脫我的工作，還是得一早處理信件。當我快步走過去，準備花兩個小時來處理我的信件時，一位久違的朋友坐在搖椅上，帽子蓋住他部分眼睛，把我從匆忙中叫住，用他緩慢而愉悅的南方腔說道：「你要趕到哪兒去啊，約翰？在我們這樣美好的陽光下，那樣趕來趕去是不行的。過來這裡，好好『坐』在搖椅裡，和我一起練習一項最偉大的藝術。」

這話聽得我一頭霧水，問道：「和你一起練習一項最偉大的藝術？」

「對，」他答道：「一項逐漸沒落的藝術。現在已經很少人知道怎麼做了。」

「噢，」我問道：「請你告訴我那是什麼。我沒有看到你在練習什麼藝術啊！」

「有噢！我有。」他說道：「我正在練習『只是坐在陽光下』的藝術。坐在這裡，讓陽光灑在你的臉上。感覺很溫暖，聞起來很舒服。你會覺得內心很平靜。你曾經想過太陽嗎？」他問道。

「太陽從來不會匆匆忙忙，不會太興奮，它只是緩慢地善盡職守，也不會發出嘈雜聲——不按任何鈕，不接任何電話，不收任何信件，只是一直灑下陽光，而太陽一直所做的工作比你加上我一輩子所做的事還要多。想想看它做了什麼。它使花兒開，使大樹長，使地球暖，使果蔬旺，使五穀熟；它還蒸發了水，然後再讓它回到地球上來，它還使你覺得有『平靜感』。」

「我發現當我坐在陽光下，讓太陽在我身上作用時，它灑在我身上的光線給了我能量。這是我花時間坐在陽光下的賞賜。」

「所以請你把那些信件都丟到角落去，」他說道：「跟我一起坐到這裡來。」

我照做了。當我後來回到房間去處理那些信件時，我幾乎一下子就完成了工作。這使得我還留有大部分的時間來做度假的活動，也可以常「坐在陽光下」放鬆自己。

內心的平靜是智慧的珍寶，它和智慧一樣珍貴，比黃金更令人垂涎。擁有一顆寧靜之心，比那些汲汲營營於賺錢謀生的人更能夠體驗生命的真諦。

如今，越來越多的人開始學習追求內心的平靜。冥想和靜思已經成為一種時尚。他們透過各種沉思冥想訓練自己，讓注意力在宇宙間漂浮，不被焦慮所困。伊斯華倫在他的書《征服心靈》中說：「在深沉的冥想中，我們的心靈是靜止、寧靜而澄靜的。這是我們童稚時期的天真狀態，藉此我們才知道自己是誰，以及生命的目的是什麼。」

每天花點時間進行靜思。這種練習能使你的精神活動放慢。一旦你放慢內在混亂狀態的活動速度，你的外在生活自然也就慢下來了。如果你的外在生活被塞得滿滿的，如果你習慣於尋求外在的成就感，就很難使用這種方法。

生活中，有千千萬萬個像這位職員一樣忙於工作而無暇自顧的人。在這種時候，我們就應該考慮是否該獨處一段時間了。我們可以找一個時間讓自己靜一靜，把寧靜從自己的心中重新找回來。

此刻冥想可以讓你體察生活中的每一個細節，體驗當下的每一刻幸福。現在，就請你開始與我們一起進行冥想吧。

每一個人出現在自己的生命中都是自己的福分，感激上天給予自己與每一個人的相逢。或許此刻你們親近無比，但說不準哪一天你們會分離，永遠無法聯繫。為了使我們的人生沒有遺憾，我們要善待生命中的每一位過客。

幸福就在當下的每一瞬間

從前，有一個人，他生前善良且熱心助人，所以在他死後，升上天堂，做了天使。他當了天使後，仍時常到凡間幫助人，希望感受到幸福的味道。

一日，他遇見一個農夫，農夫的樣子非常苦惱，他向天使訴說：「我家的水牛病死了，沒它幫忙犁田，那我怎能下田作業呢？」

於是天使賜他一頭健壯的水牛，農夫很高興，天使在他身上感受到幸福的味道。

又一日，他遇見一個男人，男人非常沮喪，他向天使訴說：「我的錢被騙光了，沒盤纏回鄉。」

於是天使給他銀兩做路費，男人很高興，天使在他身上感受到幸福的味道。又一日，他遇見一個詩人，詩人年青、英俊、有才華且富有，妻子貌美而溫柔，但他卻過得不快活。

天使問他：「你不快樂嗎？我能幫你嗎？」

詩人對天使說：「我什麼也有，只欠一樣東西，你能夠給我嗎？」
天使回答說：「可以。你要什麼我都可以給你。」
詩人直直地望著天使：「我要的是幸福。」
這下子把天使難倒了，天使想了想，說：「我明白了。」
然後把詩人所擁有的都拿走了。
天使拿走詩人的才華，毀去他的容貌，奪去他的財產和他妻子的性命。
天使做完這些事後，便離去了。
一個月後，天使再回到詩人的身邊，他那時餓得半死，衣衫襤褸地在躺在地上掙扎。
於是，天使把他的一切還給他。
然後，又離去了。
半個月後，天使再去看詩人。
這次，詩人摟著妻子，不停地向天使道謝。
因為，他得到了幸福。

每個人都擁有幸福，這個幸福就在當下。有的人會把自己擁有的一切都看做是上帝的一種恩賜，懷著感恩的心情去享受現實，而還有的人則會把手中的快樂隨意丟棄，就如同故事中的主角一樣，即使已經擁有了很多幸福的事物，他卻一點也看不見，還在為了那些沒有得到的東西而不停地抱怨。很多人只懂得為錯過的太陽流淚，卻眼睜睜地看著群星從眼前消失，最後，一切都成雲煙，一切都成虛無。

逝去的如曇花一現，轉瞬成灰，只刻在記憶中；未來如霧裡看花，虛虛實實無法把握；聰明的人只會認真把握轉瞬即逝的現在。由此可見，珍惜你擁有的一切，不要為你沒有的東西而抱怨，就會得到幸福。因為幸福就在當下，就在我們身邊。

「明日復明日，明日何其多。我生待明日，萬事成蹉跎。」要想不荒廢歲月，做出一番事業，就要克服拖拉，珍視今天。拖拉者的一個悲劇是，一方面夢想仙境中的玫瑰園出現，另一方面又忽略窗外盛開的玫瑰。昨天已成爲歷史，明天僅是幻想，現實的玫瑰就是今天。拖拉所浪費的正是這寶貴的今天。

幸福是你的名詞還是動詞？

改變心態

當大部分的人都背著沉重的包袱前進時，有些人卻可以悠然自得的輕鬆踱步在人生的道路之上

難道是因為他們擁有比我們更多的財富或是更加成功的事業嗎

不，他們擁有的是健康的心態，心態決定幸福，你不能改變現實，但你能

第三章
幸福是一種感覺，需要悉心品味

意義在於過程，幸福在於細節。那些撇開過程只在結局中尋找意義的人最終收穫的只是虛無。那些撇開細節只在總體中尋找幸福的人，收穫的只能是荒謬。幸福是一種感覺，只有悉心品味，才能真正體會到幸福的滋味。

生活原有無窮的樂趣

人生就如善變的天氣，有晴有雨，有風有霧。這既是莫測的苦，又是多彩的樂。從生到死，就像一場風吹過，走過春夏，卷過秋冬，走過悲歡，卷過聚散，走過紅塵遺恨，卷過世間恩情，人生如夢夢如人生。生命盡頭，多少事，都付笑談中。

人生就是一種經歷，享受過程，回味快樂，這就是真正的幸福。真正的快樂不一定存在於結果中，只要過程能帶來快樂，你就是快樂的。

釋迦牟尼在沒有成佛之前，經歷過很多次的磨煉和苦修，從中領悟了許多人生的智慧和真諦。

有一天，釋迦牟尼要進行一次長途的跋涉，他因為急於到達目的地，便無視於路程的遙遠艱苦，只是努力地趕路。長途漫漫，釋迦牟尼累得精疲力竭，終於，眼看就要到達自己想去的地方了，釋迦牟尼鬆了口氣。就在他心情放輕鬆的同時，他感覺到自己的鞋子裏有一顆小石子磨得雙腳很不舒服。那顆石子很小，小到讓人根本不覺得它的存在。

其實，在釋迦牟尼剛開始趕路不久時，他就已經清楚地感覺到那顆小石子的存在，不斷地刺痛著腳底，讓他覺得不舒服。

然而，釋迦牟尼一心忙著趕路，也不想浪費時間脫下鞋子，索性便把那顆小石子當做一種修行，不去理會。

直到這時，他才停下急切的腳步，心想著：既然目的地已經快要抵達了，而又還有一些餘暇，乾脆就在山路上把鞋子脫下來，把腳下的小石子從鞋子裡倒出來，讓自己輕鬆一下吧！

就在釋迦牟尼低頭彎腰準備脫鞋的時候，他的眼睛不自覺地瞄向沿路的水光山色，竟然發現它是如此的美麗。當下，他領悟了一個重要的道理：自己這一路走來，如此匆忙，心思意念竟然只專注在目的地上，甚至完全沒有發現四周景色的優美。

釋迦牟尼把鞋子脫下，然後將那顆小石子拿在手中，不禁讚歎著說：「小石頭啊！真想不到，這一路走來，你不斷地刺痛我的腳掌心，原來是要提醒我，慢點兒

走，注意生命中的一切美好事物啊！」

正如羅丹所說的：「生活中不是缺少美，而是缺少發現。」生活原有無窮的樂趣，只是你沒有悉心品味。如果天上的星辰一生只出現一次，那麼每個人一定都會出去仰望，而且看過的人一定都會大談這次經驗的莊嚴和壯觀。媒體一定提前就大做宣傳，而事後許久還要大讚其美。星辰果真只出現一次，我們一定不願錯過星辰之美，不幸的是它們每晚都閃亮，所以我們好幾個月都不去抬頭望一眼天空。

其實我們不必費心地四處尋找，幸福本來就是隨處可見的。可惜的是，生活中的此時此地總是被忽略，我們在無意中預支了「此刻的生活」。

我們總是想著等我有了某某之後，我會怎樣，我們會為了某個特定的目標不斷的奮鬥，努力，卻從來沒有享受在這個過程中的快樂，因為我們總是想著有了現在的苦，才會有以後的幸福，我們每一刻都在等待，等待著最美的時刻的出現，但卻因此錯過了很多美好的時刻。

很多時候人生就像戲劇一樣，很滑稽，我們往往不斷追逐某些東西，爲此永遠不知疲憊，但是往往會在最後發現，在自己匆忙趕路尋找風景的時候，卻失去了沿途最美的風景。

拋掉過高的期望去靜享生活

你是否經常發現自己莫名其妙地陷入一種不安之中，而找不出合理的理由。面對生活，我們的內心會發出微弱的呼喚，只有躲開外在的嘈雜喧鬧，靜靜聆聽並聽從它，你才會做出正確的選擇，否則，你將在匆忙喧鬧的生活中迷失，找不到真正的自我。

一些過高的期望其實並不能給你帶來快樂，但卻一直左右著我們的生活：擁有寬敞豪華的寓所；幸福的家庭；讓孩子享受最好的教育，成為最有出息的人；努力工作以爭取更高的社會地位；能買高級商品，穿名貴的衣著；跟上流行的步調，永不落伍。

要想過一種簡單的生活，改變這些過高期望是很重要的。富裕奢華的生活需要付出巨大的代價，而且並不能相應地給人帶來幸福。如果我們降低對物質的需求，改變這種奢華的生活目標，我們將節省更多的時間充實自己。輕閒的生活將讓人更加自信果敢，珍視人與人之間的情感，提高生活品質。幸福、快樂、輕鬆是簡單生活追求的目標。這樣的生活更能讓人認識到生命的真諦所在。

生活需要簡單來沉澱。跳出忙碌的圈子，丟掉過高的期望，走進自己的內心，認真地體驗生活、享受生活，你會發現生活原本就是簡單而富有樂趣的。

一位專欄作家曾這樣描述過一個美國普通上班族的一天：

七點鈴聲響起，開始起床忙碌：洗澡，穿職業套裝——有些是西裝、裙裝，另一些是制服，醫務人員穿白色的，建築工人穿牛仔褲和工作服。吃早餐(如果有時間的話)。抓起水杯和工作包(或者餐盒)，跳進汽車，接受每天被稱為朝九晚五的懲罰。

從上午九點到下午五點工作……裝得忙忙碌碌，掩飾錯誤，微笑著接受難以達成的最後期限。當「重組」或「裁員」的斧子(或者直接炒魷魚)落在別人頭上時，自己長長地鬆了一口氣。扛起額外增加的工作，不斷看錶，思想上和你內心的良知鬥爭，行動上卻和你的老闆保持一致。再次微笑。

下午五點整，坐進車裡，行駛在回家的高速公路上。與配偶、孩子或室友友好相處。吃飯，看電視。

八小時天賜的大腦空白。

文章中描寫那種機械無趣的生活離我們並不遙遠。我們和美國普通勞動者一樣，每天都在一片大腦空白中忙碌著，置身於一件件做不完的瑣事和想不到盡頭的雜念中，整天忙忙碌碌，絲毫體驗不到生活的樂趣，這個時候，我們就需要拋開一切，讓自己閒一段，這樣，你就會重新找到生活的意義和樂趣。

什麼事情也不做，可以從每天抽出一小時開始。一個人靜靜地待著，什麼也不做，當然前提是，你要找一個清靜的地方，否則如果是有熟人經過，你們一定會像往常那樣漫無邊際地聊起來。也許剛開始的時候，你會覺得心慌意亂，因為還有那麼多事情等著你去做，你會想如果是工作的話，早就把明天的計畫擬定好了，這樣做坐著，分明就是在浪費時間。可是，如果你把這些念頭從大腦中趕走，堅持下去，漸漸你就會發現整個人都輕鬆多了，這一個小時的清閒讓你感覺很舒服，工作起活來也不再像以前那樣手忙腳亂，你可以很從容地去處理各種事務，不再有逼迫感。你可以逐漸延長空閒的時間，四小時、半天甚至一天。

抛開一切事情，什麼也不做，一旦養成了習慣，你的生活將得到很大改善，把你從混亂無章的感覺中解救出來，讓頭腦得到徹底淨化。

簡單生活不是忙碌的生活，也不是貧乏的生活，它只是一種不讓自己迷失的方法，你可以因此拋棄那些紛繁而無意義的生活，全身心投入你的生活，體驗生命的激情和至高境界。

取捨間，分清孰輕孰重

有取就有捨，而有捨才有得。我們往往只看到捨去的世俗的榮華富貴和榮譽地位，卻忽略這些東西背後所得到的、更加珍貴的東西，那便是無窮的智慧和寧靜而豁達的境界。其實人生就是一連串取捨的過程，有取就有捨，有捨才有得。懂得取捨，是人生的一種境界。

有兩個禪師是師兄弟，都是開悟了的人，一起外出行腳。從前的出家人肩上背著一根鏟子。這個鐵鏟有兩個用處，一個是可以隨時種植生產，帶一袋麥子，把麥子灑在泥土上，不久麥子長出來，可以吃飯，不用化緣。另一個是，路上看到死物就把它埋掉。師兄弟倆在路上忽然看到一個死人，一個阿彌陀佛，就挖土把他埋掉；一個則揚長而去，看都不看。

有人去問他們的師父：你兩個徒弟都開悟了，我在路上看到他們，兩個人表現是兩樣，究竟哪個對呢?師父說：埋他的是慈悲，不埋的是解脫。因為人死了最後都是變泥巴的，擺在上面變泥巴，擺在下面也變泥巴，都是一樣，所以說，埋的是慈悲，不埋的是解脫。

埋也對，不埋也對，取也對，捨也對。《金剛經》有文：「法尚應捨，何況非法。」這種大徹大悟很難有人做得到，捨也好，取也好，最高境界恐怕不是你在權衡了各種利弊得失之後作出判斷，而是在你看薄了名利，看薄了自己，看薄了世間一切「法」的程度上，一種隨意的「捨」。這種捨，還是捨棄了你視為珍重的、費盡心力得到的、追求一生的「法」這個層面的東西。的確，「捨」掉「取捨」，比你判斷後作出取捨還難。這，也許便是取捨的最高境界。

蚌捨棄安逸，才擁有了孕育珍珠的權利；種子放棄花朵，才擁有了孕育春天的資格。千古豪傑捨家為國，才垂青於史冊；無數仁人志士捨生取義，才有了巍巍中華。取與捨在自然的蕩滌中，展現並昭示了生命的高度，數千年的白駒過隙，無數次的金烏西墜，消磨掉了歷史的棱角，才打磨出中華文明不朽的生命之碑。

生命的高度是平凡人所遠離，卻又為世人崇敬的高度。哪怕至惡之人，也不免因「我輩不義之人而入有意之國」而遁去，儘管生命之碑前僅站著手無寸鐵的荀巨伯……而今，就連博物學家在廣遊天下景觀之時，都不禁稱譽自然與人類取捨的異曲同工。

取，便是一杯清澈的水，只一杯，便無須再希冀幽谷的清泉；捨，就是一抖那背上的重負，只一抖，便讓你我得以仰望浩瀚的藍天。但人生在這一取一捨之間，生命在無限地昇華，並且擁有了自己的高度。

的確，取捨對於人生來說是至關重要的。魯迅棄醫從文，改變了他的一生，開始了他的文學創作，如果當初他不作出這樣的取捨，他可能只是位醫人治人的醫生而已，成不了一代文豪。

取捨之間，並非是一件很容易的事情，人要學會：先捨；而捨，則終必得。而捨不捨得，以及怎樣去「捨」，又怎樣去「得」，就全看自己了。

在戰場上，有時候要勇敢的向前衝鋒，有時也要採取迂回戰術；開山闢路，想要達到峰頂，必得有九彎十八拐，不經迂回，不能直上。在人生的直行路上轉個彎，縱然道路崎嶇，前路難行，但自會呈現出另一番美景。

持一顆初心，保藏生命的靈性

信徒朱慈目居士有一次對佛光禪師說：「禪師！我念佛拜佛已經二十多年了，最近在持佛號時，好像不太一樣。」

佛光禪師問：「有什麼不一樣呢？」

朱慈目說：「我過去在持佛號時，心中一直有佛性，就算口中不念，而心中仍然覺得佛聲綿綿不絕，就是不想持，但那聲音仍像泉源會自動流露出來。」

佛光禪師說：「這其實很好啊，表示你學禪已經到了找到自我初心的境界了啊。」

朱慈目說：「謝謝禪師的稱讚，但我現在不行了，我現在很苦惱，因為我的初心不見了。」

佛光禪師疑惑地問：「初心怎麼會不見呢？」

朱慈目說：「因為我與佛相應的心沒有了，心中佛聲綿綿不斷的靜念沒有了，再也找不回來了。禪師，我為此很苦惱，請您告訴我，我到哪裡去找我的初心呢？」

佛光禪師啟示：「尋找你的初心，你應該知道，初心並不在任何地方，你的初心就在你自己的身中。」

朱慈目說：「我為什麼不知道呢？」

佛光禪師說：「因為你一念不覺和妄心打交道，初心就離你而去了。」朱慈目聽後，豁然開朗。

初心沒有了，這就好比說失落了自己，找不到自家的家門。

每一位佛都在放光，何以眾生看不見呢？因為被自己的業力蓋住了，所以看不見佛光。等定慧到了，只要一定，自身光明隨時都可以跟佛的光明相接。

打起坐來，不管開眼也好，閉眼也好，黑漆一團，這就證明地獄在面前。因為自己內心污染得厲害，光明就被遮蓋住了。

人心隨著年齡、閱歷的增長而越來越複雜，一顆初心很可能在茫茫塵世中逐漸遺失，初心遺失了，於是感觸不到源於內心的幸福，便會慢慢麻木，幸福也會漸行漸遠。只有保持內心的純潔，保持自我的靈性，才能獲得一個幸福的人生。

生命的意義蘊於在過程之中，只有用心去體味過程之美，才能真正地體味到生活的滋味。

飽經滄桑，也要保持心靈的完整

曾經有一個老人，一生坎坷，年輕時因戰亂而失去了大部分的親人，而他自己也在戰火中失去了一條腿。然而不幸一再降臨，他中年喪妻，繼而又老年喪子，他不幸的一生，承受了人世間最刻骨銘心的悲痛。儘管如此，他卻依然爽朗而快樂地活著，並終於迎來了靜謐而安逸的晚年。

有個年輕人自覺生活中充滿了無盡的煩惱，不禁驚訝於老人爽朗而樂觀的心態，他問老人，經受了這麼多的苦難和不幸，為什麼沒有絲毫的苦痛和傷感。老人沉默良久，隨後將一片樹葉舉到年輕人的眼前，問道：「你看，它像什麼？」

那是一片黃中透綠的葉子，乍一看並沒有什麼特別。年輕人想道，這或許是白楊樹葉，可是，它到底像什麼呢？

「你不覺得它像一顆心嗎？或者說它就是一顆心？」老人提示道。

年輕人仔細一看，那片樹葉果然十分形似心臟的形狀，內心禁不住微微一顫。

「再看看它上面都有些什麼？」老人進一步問道。

年輕人湊近樹葉，仔細端詳，這才發現樹葉上投有許許多多大小不等的孔洞。但是，這又代表什麼呢？

老人收回樹葉，置於掌中，用那渾厚而又帶著滄桑的嗓音舒緩地說：「它在春風中綻出，在陽光中長大。從冰雪消融的春天到寒風蕭瑟的深秋，它走過了自己的一生。在此期間，它經受了蚊蟲的啃噬，雨水的沖刷，以至於千瘡百孔，滿目瘡痍，然而它並沒有因此而凋零，而是完完整整地度過了它的一生。它之所以得以盡享天年，完全是因為它熱愛著陽光、雨露，熱愛著生之養之的泥土，熱愛著自己的生命，同時也熱愛著生命中的那一切磨礪和考驗。只要能夠生長在陽光下，接受雨露的滋潤，就是最大的幸福，相較而言，其他的一切，又算得了什麼呢？」

老人飽經滄桑的內心就像這片樹葉，儘管無情的現實在上面留下了無法抹去的痕跡，他卻依然故我地保持著心靈的完整。

他沒有因為現實的殘酷而將自己封閉到陰暗的角落，進而開始懷疑人生，而是依然相信愛，相信美，相信人性中一切美好的品質，相信即使遭遇再大的狂風驟雨，終將撥雲見日，一切總會過去。

老人平和而淡然地面對自己的人生，不執拗於對充滿苦痛的過往的回憶，而是坦然地享受著生的美好。沒有過多的欲念的侵擾，沒有過分的執拗與執著，老人保有了笑容，因而也保有內心的恬靜與幸福。

年輕人正處於「為賦新詞強說愁」的年紀，年少如他，是否能夠明白，老人的智慧恰恰在於這種淡定的心態。人生在世，難免經受各種不同的苦難與磨礪，然而即使整個世界都將你拋棄，你依然擁有選擇快樂或者悲傷的權利。

放下對不幸的過往的回憶，放下內心的傷逝和追悔莫及，捨得茫茫人世間的一切名與利，包容他人的有心之過抑或無心之失，而不去過分計較人生的公平與不公平，只有如此，方能明瞭人生的真諦。

面對人生，我們要選擇閒看雲卷雲舒、花開花落的心境。保持一顆平常心，做到無為、無爭、不貪、知足，保持對名利的淡泊心，對屈辱的忍耐心，對他人的仁愛心，做好每天當做之事，享受每一件事情帶來的快樂，自然會有足夠的力量來承擔生活中永恆存在的挫折和痛苦，也自然能夠獲得更純粹的幸福。

唯有生活的滋味真正讓人回味

有位孤獨者倚靠著一棵樹曬太陽，他衣衫襤褸，神情委靡，不時有氣無力地打著哈欠。

一位僧人由此經過，好奇地問道：「年輕人，如此好的陽光，如此難得的季節，你不去做你該做的事，懶懶散散地曬太陽，豈不辜負了大好時光？」

「唉！」孤獨者歎了一口氣說，「在這個世界上，除了我自己的軀殼外，我一無所有。我又何必去費心費力地做什麼事呢？每天曬曬我的軀殼，就是我要做的所有的事了。」

「你沒有家？」

「沒有。與其承擔家庭的負累，不如乾脆沒有。」孤獨者說。

「你沒有你的所愛？」

「沒有，與其愛過之後便是恨，不如乾脆不去愛。」

「你沒有朋友？」

「沒有。與其得到還會失去，不如乾脆沒有朋友。」

「你不想去賺錢？」

「不想。千金得來還復去，何必勞心費神動軀體？」

「噢。」僧人若有所思，「看來我得趕快幫你找根繩子。」

「找繩子幹嘛？」孤獨者好奇地問。

「幫你自縊。」

「自縊？你叫我死？」孤獨者驚詫道。

「對。人有生就有死，與其生了還會死去，不如乾脆就不出生。你的存在，本身就是多餘的，自縊而死，不是正合你的邏輯嗎？」孤獨者無言以對。

「蘭生幽谷，不為無人佩戴而不芬芳；月掛中天，不因暫滿還缺而不自圓；桃李灼灼，不因秋節將至而不開花；江水奔騰，不以一去不返而拒東流。更何況是人呢？」僧人說完，拂袖而去。

人生是過程，這是一個最簡單但又最不為人注意的真理。人生目標是我們永遠的明天，我們的人生永遠是今天，是此刻，是轉瞬即逝的現在！

有目標的人是活得有意義的人，能看重人的一生並把握住過程的人是活得充實而真實的人。「沒白活一輩子」，應該是目的和過程兩方面都有品質。許多人活了一輩子，到頭來，還沒有得到人生過程的樂趣，沒有享受人生，這是一種生命自覺與自省的缺乏。沉浮動靜皆人生，體悟每種境遇，不以物喜，不以己悲，得失沉浮皆是人生所獲的賜予。

沉浮動靜皆人生。如果我們總用一種效益座標來判別人生的狀況，前進為正，後退為負，上升為優，下沉為劣，那麼，我們就永遠不能讀懂人生。

在追求幸福的過程中，才是最幸福的。既然每個人的未來結果是相同，均為赤條條來去無牽掛，那麼還不如在追求一切的過程中好好享受，這才不枉在塵世走一遭。

人們苦苦追求，苦苦尋覓，只爲了得到一個結果，但當你得到了那個果時，常會變得失望，反而是在爭取的過程中，你嘗遍了快樂和心酸，那種滋味才令人回味無窮。

惜福感恩，幸福就在腳下

有一位富翁，為了教每天精神不振的孩子知福惜福，便讓他到當地最貧窮的親戚家住了一個月。一個月後，孩子精神飽滿地回家了，臉上並沒有帶著「被教訓」的不悅，讓富爸爸感到不可思議。爸爸想要知道孩子有何領悟，問兒子：「怎樣？現在你知道，不是每個人都能像我們過得這麼好吧？」

兒子說：「是的，他們過的日子比我們還好。因為我們晚上只有燈，他們卻有滿天星空。我們必須花錢才買得到食物，他們吃的卻是在自己的土地上栽種的免費糧食。

「我們只有一個小花園，對他們來說到處都是花園。

「我們聽到的都是噪音，他們聽到的都是自然音樂。

「我們工作時神經緊繃，他們一邊工作一邊大聲唱歌。

「我們要管理傭人、管理員工，他們只要管好自己。

「我們要關在房子裡吹冷氣，他們在樹下乘涼。

「我們擔心有人來偷錢，他們沒什麼好擔心的。

「我們老是嫌菜不好，他們有東西吃就很開心。

「我們常常失眠，他們睡得好安穩。所以謝謝你，爸爸。你讓我知道，我們也可以過得那麼好。」

生活中有很多人，無論思想還是為人處世，都有許多不成熟的地方，卻又敏感異常。他們希望事事做到完美，人人都能贊許他。但當這種想法不能實現時，他們就很輕易地陷入不如意的境地，覺得自己是全世界最倒楣的人了。也許你並不確切地瞭解自己幸運與否。沒關係，這兒有一份專家們的「全球報告」，來細細地對照一下吧：

如果我們將全世界的人口壓縮成一個一百人的村莊，那麼這個村莊將有：

五十七名亞洲人，二十一名歐洲人，十四名美洲人和大洋洲人，八名非洲人；五十二名女人和四十八名男人；三十名白人和七十名非基督教徒；八十九名異性戀和十一名同性戀。

六人擁有全村財富的百分之八十九，而這六人均來自美國；八十人居住條件不好；七十人為文盲；五十人營養不良；一人正在死亡；一人正在出生；一人擁有電腦；一人（對，只有一人）擁有大學文憑。

如果我們從這種壓縮的角度來認識世界，我們就能發現：

假如你的冰箱裡有食物可吃，身上有衣可穿，有房可住，有床可睡，那麼你比世界上百分之七十五的人都富有。

假如你在銀行有存款，錢包裡有現鈔，口袋裡有零錢，那麼你屬於世界上百分之八最幸運的人。

假如你父母雙全沒有離異，那你就是很稀有的地球人。

假如你今天早晨起床時身體健康，沒有疾病，那麼你比其他幾千萬人都幸運，他們甚至看不到下周的太陽。

假如你從未嘗試過戰爭的危險、牢獄的孤獨、酷刑的折磨和饑餓的煎熬，那麼你的處境比其他五億人更好。

假如你能隨便進出教堂或寺廟而沒有任何被恐嚇、強暴和殺害的危險，那麼你比其他三十億人更有運氣。

假如你讀了以上的文字，說明你就不屬於二十億文盲中的一員，他們每天都在為不識字而痛苦……

看吧，我們原來是這麼幸運。只要肯用感恩的心去面對，用感恩的心去體會，我們當下擁有的，足以幸福一生了。

泥濘的路才能留下腳印，世上芸芸眾生莫不如此。那些一生碌碌無爲的人，不經風不沐雨，沒有起也沒有伏，就像一雙腳踩在又坦又硬的大路上，腳步抬起，什麼也沒有留下；而那些經風沐雨的人，他們在苦難中跋涉不停，就像一雙腳行走在泥濘裡，他們走遠了，但腳印卻印證著他們行走的價值。

平凡中活出精彩，即得永福

人生是一趟奇異的旅程。人的一生有許多苦難。然而，我們在這人生的大海裡，借神的使者、愛的天使獲得慰藉。但可別忘記，神透過人生那些平凡的事物，教你更高深的事物。

人可以追求、可以選擇自己喜歡的生活方式，卻無法摒棄生活的本質。生活原本是一杯水，貧乏與富足、權貴與卑微等等，都不過是人根據自己的心態和能力為生活添加的調味。

有人喜歡豐富刺激的生活，把它拌成多彩的調色盤。有人喜歡苦中作樂的生活，把它想像品味咖啡。有人喜歡在生活中多加點蜜，把它和成糖水。有人喜歡把生活泡成茶，細品其中的甘香。還有人什麼也不加，只喜歡原汁原味的白開水。更有人不知不覺地把生活熬成苦藥，甚至是毒藥，親手把自己的生活埋葬。

什麼樣的生活才是幸福的生活呢？其實，幸福只是一種感覺。你感到幸福，生活便是幸福無比，你感到痛苦，生活便痛苦不堪。同是一片天，有人抬頭看見的是陰翳層層，有人卻可以透過雲層感受那無際的蔚藍。

有一個多年在外打拼的中年男子回老家探親，偶遇多年未見的兒時的玩伴。於是便相約在家中相聚。在與朋友交談中，中年男子才知道，這位小時候活潑開朗的玩伴這幾十年來經受了許多苦難，但是，在朋友的訴說中，中年男子未曾從他那依舊開朗的笑容中發現絲毫對生活不滿的痕跡。

玩伴早年喪母，全靠他半工半讀幫助父親把三個弟妹供上大學。他妻子是個小學教師，收入不多，他本人也只是一名代課老師，薪水就更低了。為了支撐這個家，他向鄰居要了人家不願耕種的田地，一有時間就去種菜，自己吃不完的還可以拿到市場上去賣。到了晚上，除了備課，還要照顧中風的丈母娘，還要安頓兩個年幼的孩子。雖然生活的擔子很重，但他從來沒有因為家而拖累自己的工作。他的教學評鑑在學校裡永遠名列前茅，他還參加了教師甄選考試，結果考了全縣第一。

男子問他，會覺得辛苦嗎？他爽朗地笑著，說，生活雖然清苦些，但很踏實，很滿足。看著一家人和樂地坐在一起吃飯，上課時看到孩子們充滿渴望的眼睛，耕作時看到那一片綠得油油的蔬菜，心裡就感到一種難言的幸福。他還說，人不是有錢就幸福，錢少些，同樣可以過得很幸福。他的妻子是一位心靈手巧的女人。他的襯衫領子有點破了，她把領子拆下翻過來重新縫上，又可以穿它一年半載。有鄰居丟掉的窗簾，她覺得布料還好，便要來做成桌布、抹布。自己呢，則常常穿親友穿過的舊衣裳，大的可以改小，還可以按自己喜歡的風格改成新的樣式。

看著玩伴黝黑的皮膚，在橘黃的燈光下閃著健康光澤的臉，男人心裡不由地感到自慚。以前回家，鄉里的長輩總會半帶開玩笑地說我，能輕鬆地生活在都會裡，是多麼幸福。想到有比自己生活得並不怎麼樣的熟人，偶爾還會沾沾自喜。然而，在這個玩伴面前，所有的優越感都蕩然無存。

一些都市中人，他們談論著自己的衣飾花了幾千還是幾萬元，款式如何新潮，他們取笑著誰家的車子不是高級車，他們謾罵著昨晚那頓飯根本不值幾千元，他們還沒有下班，便開始相約今晚在誰家打牌搓麻將……他們每天不停的發著牢騷，牠她們常常覺得很累，孩子、丈夫（妻子）彷彿還不瞭解他們。他們走在大街上流露的是冷漠蒼白的眼神，華麗的外衣裏著一顆永無饜足的心。他們幸福嗎？只有他們自己內心才知道。生活只是一杯白開水，然而他們卻給自己的那一杯調了過多貪欲的色彩，他們肆意地揮霍她們過早地透支自己的那杯水。

有人活著，不知道自己想要的是什麼。於是盲目地羨慕，盲目地追求，往往卻總是與幸福擦身而過。其實，每個人不論在任何處境下，只要端正自己的心態，學會把握、學會滿足、學會感恩，生活就會幸福。同時，幸福也不是可以用你能得到多少財物擁有多少名譽來衡量，社會的和諧、家庭的和睦、身體的健康才會讓人感到真正幸福。

生活只是那一杯水，要靠自己慢慢去品味，細細去咀嚼，用心去欣賞，你才能發現，原來，最幸福的生活，就是在那如水的平淡中活出精彩。

捨下執拗，一切不必太固執

有一條河流從遙遠的高山上流下來，流過了很多個村莊與森林，最後它來到了一個沙漠。它想：「我已經越過了重重的障礙，這次應該也可以越過這個沙漠吧！」當它決定越過這個沙漠的時候，它發現它的河水漸漸消失在泥沙之中，它試了一次又一次，總是徒勞無功，於是，它灰心了：「也許這就是我的命運了，我永遠也到不了傳說中那個浩瀚的大海。」它頹廢地自言自語。

這時候，四周響起了一陣低沉的聲音：「如果微風可以跨越沙漠，那麼河流也可以。」原來這是沙漠發出的聲音。

小河流很不服氣地回答說：「那是因為微風可以飛過沙漠，可是我卻不可以。」

「因為你堅持你原來的樣子，所以你永遠無法跨越這個沙漠。你必須讓微風帶著你飛過這個沙漠，到達你的目的地。你只要願意放棄你現在的樣子，讓自己蒸發到微風中。」沙漠用它低沉的聲音這樣說。

小河流從來不知道有這樣的事情，「放棄我現在的樣子，然後消失在微風中？不！不！」小河流無法接受這樣的事情，畢竟它從未有這樣的經驗，叫它放棄自己現在的樣子，那麼不等於是自我毀滅了嗎？「我怎麼知道這是真的？」小河流這麼問。

「微風可以把水汽包含在它之中，然後飄過沙漠，等到了適當的地點，它就把這些水汽釋放出來，於是就變成了雨水。然後，這些雨水又會形成河流，繼續向前進。」沙漠很有耐心地回答。

「那我還是原來的河流嗎？」小河流問。

「可以說是，也可以說不是。」沙漠回答，「不管你是一條河流或是看不見的水蒸氣，你內在的本質從來沒有改變。你之所以會堅持你是一條河流，因為你從來不知道自己內在的本質。」

此時小河流的心中，隱隱約約地想起了自己在變成河流之前，似乎也是由微風帶著自己，飛到內陸某座高山的半山腰，然後變成雨水落下，才變成今日的河流。於是，小河流終於鼓起勇氣，投入微風張開的雙臂，消失在微風之中，讓微風帶著它，奔向它生命中(某個階段)的歸宿。

固執與自我是我們邁向成功的絆腳石。我們的生命歷程往往也像小河流一樣，想要跨越生命中的障礙，達到某種程度的突破，向理想中的目標邁進，也需要有「放下自我（執拗）」的智慧與勇氣，去邁向未知的領域。當環境無法改變的時候，你不妨試著改變自己。

只有懂得變通，懂得順應潮流，才能找到一條生存之道。學會轉換思維，靈活地跨越生命中的各種障礙，對一個人的成長是至關重要的。有時不切實際地執拗，是一種愚昧與無知，放棄則是一種智慧。

我們在燈紅酒綠的現代社會中，習慣了對名利和權勢的追求與執著，往往為了虛榮強作體面，為了優越感沽名釣譽，結果使自己的心靈和身體在忙碌中承受著巨大的壓力，失去了自由和靈性。

當身體不再能承受太重的負荷時，一味地追求會適得其反，所以要放下該放下的。比如工作上，放下一些不切實際的目標，以及自己本可以不管的事情；生活上，可以放手讓孩子自己處理事情，等等。這樣，你的生活便會充滿輕鬆和快樂。

知足便不作非分之想；知足便不好高騖遠；知足便安若止水、氣靜心平；知足便不貪婪、不奢求、不豪奪巧取。知足者溫飽不慮便是幸事；知足者無病無災便是福澤。

收穫的代價就是學會放棄

一個人的精力總是有限的，然而人的欲望卻是沒有底線的，什麼都不願意放棄的人，往往會被欲望沖昏了頭。我們周圍都會面臨著很多的誘惑，不可能一切美好的事物都歸自己所有。學會放棄的人，才能讓自己過得更加輕鬆、自在。

有一個聰明的年輕人，很想在一切方面都比他身邊的人強，他尤其想成為一名大學問家。可是，許多年過去了，他的其他方面都不錯，學業卻沒有長進。他很苦惱，就去向一個大師求教。

大師說：「我們去登山吧，到山頂你就知道該如何做了。」

那山上有許多晶瑩的小石頭，煞是迷人。每見到他喜歡的石頭，大師就讓他裝進袋子裡背著，很快他就吃不消了。

「大師，再背，別說到山頂了，恐怕連動也不能動了。」他疑惑地望著大師。「是呀，那該怎麼辦呢？」大師微微一笑：「該放下，不放下背著石頭哪能登山呢？」大師笑了。

年輕人一愣，忽覺心中一亮，向大師道了謝，走了。之後他一心做學問，進步飛快……

經過大師的提點，年輕人心中頓悟，如果要把所有自己喜歡的東西悉數收入囊中，一旦遇到對自己最重要的東西，才發現自己已經無法承載。可見，要想人生取得更大的成就，就要學會捨得放棄一些對自己來說並不重要的。

如今，職場的競爭非常激烈，大學畢業後的小林進入公司工作已經五年了。雖說已經是部門的經理，但是由於新技術、新產品不斷出現，他經常會感到自己的知識結構老化，力不從心。尤其是最近的新進員工都已經是研究所的學歷了，更增加了他的危機感。所以，他也打算讀在職研究所提升自己的技能層次。然而，過了半年，他發現自己總是被各式各樣的事情所纏繞。工作之餘，要麼是有人約他出去唱歌、要麼是各種應酬聚餐，再有就是出去旅遊。總之，經常疲於應付這些事情，根本抽不出時間來集中精力學習准備考研究所的事情。時間一晃，又是一年過去了。小林冷靜下來，認真審視了自己每天的行程，發現自己在無關緊要，甚至是毫無意義的事情上佔用了太多的時間和精力。反倒把應該用於學習的時間給擠佔了。這使他下定決心，必須要改變現狀，專心來應對學習。否則，就會一事無成。

時間是最公平的，平等地給予了每個人同樣的一天二十四個小時。然而，在同樣的時間內，每個人取得的成績差異卻很大。究其原因，對事情的取捨就是其中之一。每個人都可以嘗試著把自己每天的日程表列出來，再看看每天在這些事情上所投入的時間和精力，很可能會讓你大吃一驚。原來，自己竟然在一些毫無意義的事情上佔用了如此多的時間。如果把這些寶貴的時間分配到重要的事情上來，我們可能會取得更好的成績。這就給了我們一個啟發，要放棄一些無關緊要的事情。這裡的放棄是要有選擇性、有目的性地放下一些事情，即所謂的捨得有方。

有捨才會有得。當你收穫了價值更大、更為重要的成果時，你會明白收穫的代價就是學會放棄。

在漫漫旅途中，失意並不可怕，受挫也無需憂傷。只要心中的信念沒有萎縮，只要自己的季節沒有嚴冬，即使風淒厲冷，即使大雪紛飛，都能聽到春天到來的喜訊。

第四章

幸福是一種寄託，留一方淨土於心底

人身上必有一種整體的東西，是它在尋求、面對、體悟、評價整體的生命意義，我們只能把這種東西叫做靈魂。所以，幸福不是零碎和表面的情緒，而是靈魂的愉悅，精神世界的豐富。一個人在塵世中走得太久，必然會沾染上世俗的塵埃，這時，你就要在心底留一方淨土，讓靈魂得以棲息，讓精神世界得以豐富。

希望，一切不幸中的唯一安慰

潘朵拉是宙斯創造的第一個女人，主要是要報復人類。宙斯作為天神，惱火人類敬奉普羅米修斯而不敬奉自己，他覺得應懲罰人類和普羅米修斯。他懲罰了普羅米修斯之後，對人卻束手無策，於是，宙斯只能另想辦法。

宙斯首先命令火神黑菲斯塔斯，使用水土合成攪混，依女神的形象做出一個可愛的女人；再命令愛與美女神阿芙洛狄忒淋上令男人瘋狂的激素；女神雅典娜教女人織布，製造出各顏各色的美麗衣織，使女人看來更加鮮豔迷人；完成所有手續後，宙斯派遣使神漢密斯說：「放入你狡詐、欺騙耍賴、偷竊的個性吧！」一個完完全全的女人終於完成了。眾神替她穿戴衣服，頭戴兔帽，項配珠鏈，嬌美如新娘。漢密斯出主意說：「叫這個女人潘朵拉吧，是諸神送給人類的禮物。」

潘朵拉被創造之後，就在宙斯的安排下，送給了伊皮米修斯。因為他知道普羅米修斯不會接受他送的禮物，所以一開始就送給了伊皮米修斯。而伊皮米修斯也接受了她，

第四章

在舉行婚禮時，宙斯命令眾神各將一份禮物放在一個盒子裡，送給潘朵拉當禮物。

伊皮米修斯娶了潘朵拉之後沒多久，就開始後悔了。因為潘朵拉最大的缺點就是好奇心了。從結婚以後，她就不斷地想打開眾神送的小盒子，而伊皮米修斯卻要時時刻刻的提防她的好奇心，因為他知道盒子裡的禮物未必都是好的。

有一天，潘朵拉的好奇心戰勝了一切。她等伊皮米修斯出門後，就打開了盒子，結果一團煙沖了出來，將一切禮物全都釋放，這裡面包含了幸福、瘟疫、憂傷、友情、災禍、愛情等等，在潘朵拉打開箱子以前。人類沒有任何災禍，生活寧靜，那是因為所有的病毒惡疾都被關在箱中，人類才能免受折磨。潘朵拉害怕極了，慌亂中，潘朵拉及時地蓋住大箱子，但一切都已經太遲，盒子內只剩下了「希望」。

因此，即使人類不斷地受苦、被生活折磨，但是心中總是留有可貴的希望，才能自我激勵。在死亡以前，希望永遠存在，人生也絕對充滿了美好的希望。至今，它一直是人類生活動力的來源，因為它帶給人類無窮的「希望」，不管遭遇何種困境，它是人類一切不幸中唯一的安慰。

為什麼在我們年輕時我們面前的生命之路總是顯得無比漫長呢？因為我們不得

不找尋空間塞滿我們無限的希望。希望帶來美好，美好的希望更是讓人激動，讓人無限嚮往。希望是人們生活的動力和依靠，它讓思考的生命去奮鬥、拼搏，讓人生變得有意義。

在走向人生的這個征途中，最重要的既不是財產，也不是地位，而是在自己胸中像火焰一般熊熊燃起的意念，即「希望」。因為那種毫不計較得失，為了巨大希望而活下去的人，肯定會生出勇氣；不以困難為事，肯定會激發巨大的激情，使自己的內心開始閃爍出洞察現實的睿智之光。只有睿智之光與時俱增、終生懷有希望的人，才是具有最高信念的人，才會成為人生的勝利者。

希望能讓漆黑的夜晚出現指路明燈，希望能讓狂風暴雨出現絢麗的彩虹。抱有「希望」活下去，是只有人類才被賦予的特權。只有人，才由其自身產生出面向未來的希望之光，才能創造自己的人生。

與其詛咒黑暗，不如點亮心燈

如果有人給了你一片長滿野草的荒地，要求你剷除田裡的野草，並保證第二年春天野草不會再長出來，你會採用什麼樣的方法？

陽春三月，弟子們坐在禪師周圍，等待著師父告訴他們人生和宇宙的奧祕。

禪師一直默默無語，閉著眼睛。突然他向弟子問道：「怎麼才能除掉田裡的野草？」弟子們思索了半天，紛紛給出了自己的答案。

一個弟子說：「用鐵鍬把雜草全部鏟掉！」禪師聽完微微笑地點頭。

另一個弟子說：「可以一把火將草燒掉！」禪師依然微笑。

第三個弟子說：「把石灰撒在草上就能除掉雜草！」禪師還是不語。

第四個弟子說：「他們的方法都不行，那樣不能除根的，斬草就要除根，必須把草根挖出來。」

弟子們講完後，禪師說：「你們講得都很好，從明天起，你們把這塊草地分成幾塊，按照自己的方法除去地上的雜草，明年的這個時候我們再到這個地方相聚！」

在這一年裡，弟子們用盡了各種方法，但是野草卻除了又生，等到禪師來看他們的成果時，田裡仍是荒草一片。

禪師說：「明年開春的時候，你們在田裡種上莊稼吧！」

又過了一年，禪師再來到這裡，原來雜草叢生的地已經不見了，取而代之的是綠油油的莊稼。

弟子們雙手合十對禪師說道：「師父，我們懂得了，要想除掉田裡的野草，必須種上莊稼。」

想除掉雜草，最好的方法不是用蠻力與之相抗，而要播撒下莊稼種子，用新鮮生命飽滿的熱情來抗衡雜草的韌性。清除心裡的雜草也應該是這樣。面對這個世界，我們總有很多煩惱，有很多弄不懂、瞧不慣、看不上，這些煩惱的死結常常像雜草一樣，頑強且柔韌，它們以極強的生命力抵抗著所有蠻力的摧殘，外力只能改變它們生長的軌跡，卻不能完全將之從自己的生命中驅逐。

所謂「三千煩惱絲」、「剪不斷，理還亂」，其實種種煩惱，無一不是由於自己的情緒不安，心理不單純而造成。我們平常看山、看水、看花、看草、看人、看事，看盡男男女女，看盡人間萬象，卻很少人「看心」，然而境由心造，能自如駕馭心境者寡，被心境所困者眾，所以世上才有了那麼多我們看不習慣的事、看不順眼的人。而只有看清了自己的心，才能找到煩惱的癥結，剪掉心中的死結，才能走出心靈的困城。

煩惱的情緒就像我們心靈花園中的垃圾，必須隨時清理才能保證其他花蕾不會被污染損害。在這座花園裡，我們要時時墾殖翻耕，這之中有穢土，也有淨土，不可能永遠保持整潔與清淨。只要是花園，就會生長雜草，並四處蔓延。作為自我心靈的園丁，我們絕不能放任雜草叢生，占盡花木所需的陽光雨露，否則這座花園就必須成為人生困頓的圍城，而及時修剪，求得和諧美好的內心環境，圍城之中也能有自在人生。

每條河流都有一個夢想：奔向大海。長江、黃河都奔向了大海，方式不一樣，長江劈山開路，黃河迂回曲折，軌跡不一樣，但都有一種水的精神——水在奔流的過程中，如果沉澱於泥沙，就永遠見不到陽光了。

別讓心靈沾染了世俗的色彩

還記得張愛玲的長篇小說《半生緣》嗎？

世鈞和曼楨是同一工廠上班的戀人。曼楨早年喪父，家庭生活靠姐姐曼璐當舞女維持，後來曼璐又當了妓女，最終嫁給了有婦之夫祝鴻才。為了保全自己的地位，不能生育的曼璐以一種怨毒的心態與其夫合謀，令祝強姦了曼楨。曼楨為姐姐、姐夫生下一子，葬送了自己的戀情。姐姐死後，她也嫁給了祝鴻才。多年後，曼楨與世鈞重逢，兩人發現，前情雖在，後緣卻已難續。

曼楨和世鈞曾經深深的相愛，但卻在現實中無奈被分開了，十八年後，兩人再次重逢，面對物是人非的現實，他們再也無力與之抗衡，只能為人生徒留感歎與遺憾。

其實，很多時候，遺憾並非是被現實摧毀的，而是人們自甘放棄的。

小時候，我們都曾擁有一雙清澈乾淨的眼睛，一顆簡單純潔的心。慢慢地，外界的複雜開始向我們的內心「攻擊」，塵世的繁冗進駐了我們的內心。那個最單純、最簡單的自我被我們封鎖在了體內，因為我們懼怕被外界傷害，不想把自己最簡單的樣子展現給他人。但是，這樣做只能讓我們逐漸被世俗所吞噬，讓本真的自己失去了光彩。

明代的李贄寫過一篇文章叫做《童心說》，他說童心就是真心。的確，童心就是心靈最初的樣子，那個時候的心靈最乾淨、最簡單，他散發出的能量也最純粹。由此，我們能想到那些募捐的人。他們都是用一顆最乾淨無雜的心靈去對待每一個需要幫助的人。當用這股最純粹的能量去做某一件事時，你所得到的回報也會是毫無雜質的。而這種單純的能量散發出去以後，勢必會得到一種同樣單純的能量——內在的喜悅。

成人世界的行規道矩，其實是囚禁摧折心靈的枷鎖。成年人的心靈沾染了世俗的色彩，他們將心靈囚禁在各種欲望與虛偽之中，心靈必然找不到最初的模樣。如果成年人用這樣的一顆心去呵護孩子，想必那顆顆童心也會慢慢失去了簡單的色彩。

心靈如朝露，天然純淨，不曾被世俗污染，因而彌足珍貴，但也容易破碎乾涸。我們只有停止對世俗與現實的迷戀與圓滑，與最本真的自己連接，才能讓心靈擁有最單純的形態。

簡單生活並非物質的匱乏，但一定是精神的簡約；簡單生活也不是無所事事，卻是心靈的單純；簡單生活並不是要你放棄追求，放棄勞作，而是說要抓住生活、工作中的本質及重心，去掉世俗浮華的瑣務。

堅持自己的選擇，傾聽心靈的召喚

豐子愷先生有這樣一段文字：

有一回我畫一個人牽兩隻羊，畫了兩根繩子。有一位先生教我：繩子只要畫一根。牽了一隻羊，後面的都會跟來。我恍悟自己閱歷太少，後來留心觀察，看見果然如此：前頭牽了一隻羊，後面數十隻羊都會跟去。就算走向屠宰場，也沒有一隻羊肯離群而另覓生路的。後來看見鴨也如此。趕鴨的人把數百隻鴨放在河裡，不需用繩子繫住，群鴨自能互相追隨，聚在一塊。上岸的時候，趕鴨的人只要趕上一兩隻，其餘的就會跟了上岸。即使在四通八達的港口，也沒有一隻鴨肯離群而走自己的路的。

豐子愷先生的這段話其實深刻地觸到了做人的一個原則，跟著別人後面走，下場也同別人一樣。對於每一個人來說，凡事要有自己的主見，要學會自己拿主意，堅定自己的立場，相信自己的力量，不要因為他人的評價而放棄自己內心的想法，不做別人毀譽的「奴隸」。字畫皆人生，疏淡之間，意趣橫生，細細思量，的確有一條隱在塵世中的繩索，牽著在生活中迷亂的人們。

子曰：吾之於人也，誰毀誰譽？如有所譽者，其有所試矣。斯民也！三代之所以直道而行也。孔子說，聽了別人毀人、譽人，自己不要立下斷語；或者說，有人攻訐自己或恭維自己，都不要過分考慮。南先生說過分的言辭，無論是毀是譽，其中一定有原因、有問題。所以毀譽不是衡量人的絕對標準，聽的人必須要明辨。人們過於迷信他人的看法，就會因此而迷失自己。其實，每個人的判斷都像我們自己的鐘錶，沒有一只走得完全一樣，有時一味聽從他人的意見，便會永遠不知道時間，應該相信自己的判斷。

義大利著名女影星蘇菲亞．羅蘭就是一個能夠堅持自己想法的人，在她的自傳《愛情與生活》中，她這樣寫道：「自我開始從影起，我就出於自然的本能，知道什麼樣的化妝、髮型、衣服和劇本最適合我。我誰也不模仿，我從不去奴隸似的跟著時尚走。我只要求看上去就像我自己，非我莫屬……衣服的原理亦然，我不認為你選這個式樣，只是因為伊夫・聖羅郎或第奧爾告訴你，該選這個式樣。如果它合身，那很好。但如果還有疑問，那還是尊重你自己的鑒別力，拒絕它為好……衣服方面的品味反映了一個人的健全的自我洞察力，以及從新式樣選出最符合個人特點的式樣的能力……你唯一能依靠的真正實在的東西……就是你和你周圍環境之間的關係，你對自己的估計，以及你願意成為哪一類人的估計。」

很多人每天都急匆匆地跟在別人後面跑，追逐一些連自己都不明確的東西，實際是在奔赴一個別人成功過的目標，重複別人走過的路，在別人嚼剩的殘渣中尋覓零星的營養。像蘇菲亞・羅蘭這樣能堅持自己想法，做自己意見的「主人」的人，實在是少之又少。

我們最大的局限在於我們習慣遵循別人的思維方式而迷失了自己的。威廉・詹姆斯這樣認為：「跟我們應該做到的相比較，我們等於只做了一半。我們對於身心兩方面的能力，只用了很小一部分，一般人大約只發展了百分之十的潛在能力。一個人等於只活在他體內有限空間中的一部分。他具有各種能力，卻不知道怎樣利用。」

那麼，一般人是怎樣做的呢？他習慣用與別人的對比來發現自己的優缺點，這固然是一種好方法，但往往受主觀意識影響太大。他會很快地發現，自己在某方面與別人差距甚大，因此他會非常羨慕那個人。

羨慕會導致無知的模仿，導致無謂的妒忌，或者受到激勵般地向更高境界攀升，但最後一種情況畢竟所占比例甚小，而前面兩種情況都容易導致自信心的喪失以及由此引發的憂鬱。

每個人的能力都是有限的，就像人類有其體能的極限一樣。如果想把別人的優點都集於一身，那是最荒謬、最愚蠢的想法。我們沒有必要去模仿別人，只要能夠做好我們自己，便是對自己盡到了最大的責任。

從道格拉斯．馬羅區的詩中，我們或許可以得到一些啟發：

如果你不能成為山頂的一株松，
就做一棵小樹，生長在山谷中，
但須是最好的一棵。

如果你不能成為一棵大樹，
就做一棵灌木。
如果你不能成為一棵灌木，
就做一葉綠芽，讓公路上也有幾分歡娛。
……
世上的事情，多得做不完，
工作有大的，也會有小的，
該做的工作，就在你身邊。
如果你不能做一條公路，
就做一條小徑。
如果你不能做太陽，
就做一顆星星。
不能憑大小來論斷你的輸贏，
只要你努力做到最好。

我們應該看到自己的優點，並堅持自己的內心選擇，惟其如此，我們才能聽從心靈的召喚，將幸福按照自己的意圖詮釋和延伸。

信仰不要過於執拗

法國的一個鄉村下了一場非常大的雨，洪水開始淹沒全村。一位非常虔誠的神父在教堂裡祈禱，眼看洪水已經淹到他的膝蓋了。一個救生員駕著舢板船來到教堂，跟神父說：「神父，快！趕快上來！不然洪水會把你淹沒的！」

神父說：「不！我要守著我的教堂，我深信上帝會救我的。上帝與我同在！」

過了不久，洪水已經淹過神父的胸口了，神父只好勉強站在祭壇上。

這時，一個員警開著快艇過來，說道：「神父，快上來！不然你真的會被洪水淹死的！」

神父說：「不！我相信上帝一定會來救我。你還是先去救別人好了！」

又過了一會兒，洪水把教堂整個淹沒了，神父只好緊緊抓著教堂頂端的十字架。

一架直升機緩緩飛過來，丟下繩梯之後，飛行員大叫：「神父，快！快上來！這是最後的機會了，我們不想看到洪水把你淹死！」

神父還是執拗地說：「不！我要守著我的教堂！上帝會來救我的！你趕快先去救別人，上帝會與我同在的！」神父剛說完，洪水就把他淹死了。

當他到了天堂見到上帝的時候，他有些委屈地說：「上帝啊，為什麼你不來救我呢？」

上帝很好奇地問：「我已經派人救了你三次，你為什麼不接受他們的幫助呢？」

人們習慣了對名利和權勢的追求與執著，往往為了虛榮強作體面，為了優越感沽名釣譽，結果使自己的心靈和身體在忙碌中承受著巨大的壓力，失去了自由與靈性。其實，當你對信仰有了更深刻的認識，不再執拗於它，而是在眾人皆醉之下保持一份獨醒的豁然，那麼生命才會為你展現出不同的樣子。

每個人在危難來臨之時，或是生活陷入困境的時候，總是會本能地祈求神的守護。因為只有面臨著難以掌控的局面，我們才會認識到自己的渺小與軟弱。但是，即便在這種情況下，我們也不要忘記信仰的意義所在。它像我們的精神力量一樣，指引我們走出生命中的低谷，重見溫暖燦爛的陽光。在接受信仰指引的同時，我們切不可執拗地認為不費任何力氣就能擺脫困境，那樣只會讓信仰失去全部的意義。

對信仰太過於執拗導致我們離正確的道路越來越遠，而每個人又抱著「不撞南牆不回頭」的態度接受執拗的引領，這樣的結局是可悲的。生命歷程往往像小河流一樣，想要跨越生命中的障礙，想要融入到大海，那你就需要放下偶爾的執拗。化身成一片雲，一滴雨，捨棄自身原有的形象，讓微風帶你飛躍過高山險阻，當細雨降下的時候，你又成為了你，你所追求的信仰也會不遠了。

信仰是人生最高的信念，也是人們精神生活的最高追求。但是，有些人對待信仰太過於執拗。他們固執地崇尚信仰，卻忘記了信仰的本來面目。其實，那些過於執拗的信仰並不是真正的信仰，只是人們僵硬不化的思維與固執己見。

別讓內心的冷漠助長了靈魂的衰老

在經歷了數十年的磨難與失望之後，我們還能繼續保持年輕時代那種好奇心，那種求知欲，那種對新生事物所抱的宏偉的希望，那種毫無保留的愛，那種確信真、善、美自然統一的想法和對理性力量的信心嗎？

宇宙間的萬物都在不斷的變化之中。如果宇宙間萬物確實存在一個確定的歸宿，那麼萬物都會歸於統一；如果這個歸宿並不存在，那麼萬物也許都會被分解開來。總之，不管是統一還是分解，變化是肯定的。

但世間最可怕的變化就是：當你依然年輕，身體依然強壯，靈魂卻已然衰老。靈魂的衰老是一種比蒼蒼白髮和道道皺紋更嚴重的一種感覺，它使人感覺一切都為時過晚，時光永遠消逝。靈魂的衰老是心靈的冷漠的結果，心靈的沉寂，決定了思想的沉寂。於是，在穿過生命的陰影的過程中，要求行動的願望就會消失。

人的一生中最重要的事，莫過於讓靈魂永保青春，不要在身體衰老之前就老去。所以，請保持靈魂的健康與昂揚，請努力去做這樣的人：樸素、善良、嚴肅、高尚，不做作、愛正義、敬神明、溫柔可親、恪盡職守。

譬如，伏爾泰在六十五歲時寫成了《老實人》；維克多．雨果在垂暮之年創作了大量優美酣暢、激動人心的詩章；歌德也在晚年出色地完成了《浮士德》第二卷；瓦格納作畢《帕西發爾》之時，已屆六十九歲高齡。在我們的時代，保爾．克洛岱爾，又以七十一歲的高齡，重寫了他二十五歲時所作的《給聖母的受胎告知》。

這些人的靈魂就像嬰兒的眼眸一樣清澈，我們應該向他們學習，像他們一樣精力充沛地按照理性做事，像他們一樣胸懷坦蕩，像他們一樣虔誠，面容寧靜，待人態度溫柔，像他們一樣不追名逐利，像他們一樣專注於探究事物的本質。

這就需要我們在仔細考察並且有了清楚的認識以前，絕不忽視任何一件小事；對於那些無理指責的人，寬容並忍讓他們，而不強調反擊；從容做事，不聽信任何流言誹謗之詞；謹慎觀察人的品性，不因別人的憤怒就輕易作出讓步，遠離阿諛奉承，不過分猜疑，也不要自命不凡；對自己的衣食住行保持簡單的要求，但工作的時候要勤勞，並保持耐心。

人生短暫，我們在塵世的生命只有這唯一的果實——虔誠的性格和仁愛的行為。無論做什麼，都要給靈魂以給養，使它永遠保持旺盛的生命力。若能如此，即使人生並沒有創造出奇蹟，也會擁有屬於自己的精彩。

保持虔誠的精神和友善的行為，在生活中汲取營養，在貢獻中快樂，這樣的清醒是多麼的難得。在清醒的時候，再看見那些關於衰老或者空虛的煩惱，就會像是在看一場夢，雲煙過眼，天朗風清。

人是透過兩個途徑走向上帝或神靈的：給自己的靈魂生活尋找一個根源；給宇宙的永恆存在尋找一種意義。

為靈魂尋一處棲居之所

「人充滿勞績，但還詩意地安居在大地之上」。這句詩深受海德格爾的推崇，他認為：「人在現實中總是痛苦的，他必須尋找自己的家園。當人們透過對時間、歷史、自然和生命的思索明白了家之所在時，他便獲得了自由，變成『詩性的存在』。」海德格爾所謂的「家園」，即指人類靈魂棲居的精神家園。

「人的靈魂來自一個完美的家園，那裡沒有我們這個世界上任何的污穢和醜陋，只有純淨和美麗。靈魂離開了家園，來到這個世界，漂泊了很久，寄居在一個軀殼裡面，它忘記了自己是從哪裡來的，也忘記了家鄉的一切。但每當它看到、聽到或感受到這世界上一切美好的事物時，它就會不由自主地感動，它就覺得非常舒暢和親切——它知道那些美好的東西來自它的故園，那似曾相識的純淨和美好喚醒了它的記憶。於是它的一生都在極力地追尋著那種回憶的感覺，不斷地朝自己的故鄉跋涉。人的生命歷程就是靈魂尋找它的美麗故鄉的歸途。」柏拉圖如是說。

不管我們身在何處，擁有怎樣的地位，我們依然會倍感寂寞與孤獨，仍然需要尋找自己的精神家園。在生命的綿長歷程中，我們總是行色匆匆，唯有在精神家園的懷抱中，我們才能真正感受到物我兩忘的輕鬆與愜意。

真正的勇者，可以被毀滅，可以忍受命運毒箭的暴虐和無助的孤寂，但無法容忍精神家園的荒蕪。當他們守望的精神家園遭受喧嘩與躁動的毀滅性蹂躪時，他們往往會選擇以身殉道，用自己的肉身捍衛家的純粹。《老人與海》裡的桑提亞哥，在海上搏鬥了兩天兩夜，最後僅僅贏得了一具空空的魚架。老人雖敗猶榮，高傲地說：「我「人生來就不是為了被打敗的，人能夠被毀滅，但是不能被打敗。」茨威格說：「我的精神上的故鄉已毀滅，我再也沒有地方可以從頭開始我的生活了，」然後，他端起酒杯，微笑地與妻子對視，以蘇格拉底式的從容，靜靜地死去。

但是，在今天，面對著鋼筋水泥打造的摩天大樓，面對著熙來攘去的滾滾人流，在飛速穿過的車流面前，我們更多的是迷失，迷失在紅綠燈閃爍的十字路口，更迷失在人生的交岔路口。很多人都懷著濃濃的鄉愁，渴望能夠找到自己的精神家園。

我們所追尋的精神家園究竟迷失在哪裡?究竟如何才能尋回我們的精神家園?

皇帝提供了非常優厚的一份獎金，希望有人能畫出最平靜的畫，以便自己在心情煩躁時能拿來緩解情緒。許多畫家都來嘗試。皇帝看完所有的畫，只有兩幅他最喜歡。

一幅畫是一個平靜的湖，湖面如鏡，倒映出周圍的群山，上面點綴著如絮的白雲。大凡看到此畫的人都同意這是描繪平靜的最佳圖畫。

另一幅畫也有山，但都是崎嶇和光禿的山，上面是憤怒的天空，下著大雨，雷電交加。山邊翻騰著一道湧起泡沫的瀑布，看來一點都不平靜。但當皇帝靠近一看時，他看見瀑布後面有一個小樹叢，其中有一母鳥築成的巢。在那裡，在怒奔的水流中間，母鳥坐在它的巢裡——完全地平靜。

皇帝選擇了後者，獎金給了畫這幅畫的畫家。

平靜並不等於完全沒有困難和辛勞，而是在那一切的紛亂中間，心中仍然保持如水般的平靜，讓靈魂得以棲居。

人生最美的境界就是內心的安靜與豐富。安靜，是因為擺脫了外界虛名浮利的誘惑。豐富，是因為擁有了內在精神世界的寶藏。太熱鬧的生活始終有一個危險，就是被熱鬧所佔有，漸漸誤以為熱鬧就是生活，熱鬧之外別無生活，最後真的只剩下了熱鬧，沒有了生活。

不管世界多麼熱鬧，但是被熱鬧包裹的可以是我們心裡的安靜，人們往往認為世界的紛繁複雜是外在的存在，卻不知道那只是人心裡的映射，正是你心裡在喧鬧，這個世界在你的眼睛看來才會是一個喧鬧到無法忍受的世界。我們捧著一本書，如果心不靜，再好的書也讀不進去，更不用說領會其中妙處了。讀生活這本書也是如此。

正如王陽明所說，雲飄水流，心外無物。只有做到心外無物，才能如同寧靜的河流一般，在水波蕩漾之間，領略黃昏時分的絢爛景色。而這也正是所謂「放下」的真正含義。

保持靈魂的純淨

有這樣一幅西洋名畫：

靈魂身陷在肉欲的洶湧大海裡，恐懼而急切地張開雙翅意欲騰空逃去。可是，在他的身上，一條欲望的巨蟒卻將他死死纏住，不放他走。靈與肉的衝突與搏鬥，攪起浪花翻舞，顯示出了巨蟒在瘋狂逞兇……

人是由靈魂及肉體這兩部分組合而成的，靈魂是原創性的先在物，肉體則是後於靈魂被創造的。靈魂與肉體根本就是兩個不同世界的東西，靈魂是本源世界的不朽的存在，肉體則是現象界變化生滅的存在。而肉體是因為靈魂的攝入而生成的，於是，靈魂便在肉體中遭受囚禁。靈魂與肉體一生都在搏鬥著，靈魂渴望掙脫肉體的囚禁而解放自由，肉體則要驅使靈魂追求欲望的滿足與放縱。愚者往往是讓靈魂盲從於肉體欲望的無厭的支使；智者則是用靈魂來把握督促肉體節制清淨，避惡向善，從而爭得真正的自由。

古希臘著名的數學家哲學家畢達哥拉斯最早悟出了數學的意義。他認為萬事萬物背後都有數的法則在起作用的。他在有理數的基礎上建立了自己的數學理論，並延伸到哲學範疇。然而，他的學說並不是萬能的。曾經遭到了他的學生的質疑。

畢達哥拉斯用有理數的存在解釋了萬事萬物，然而他的學生希帕索斯發現根本不存在$\sqrt{2}$的等價分數，這就意味著$\sqrt{2}$是無理數。喜出望外希帕索斯把這個消息告訴老師畢達哥拉斯時，畢達哥拉斯感到自己的學說受到了威脅。無理數的發現無疑是對畢達哥拉斯哲學思想的致命否定，即「萬物皆依賴於正數」這一理論存在漏洞，甚至是不正確的。同時，畢達哥拉斯的數學理論基礎也會隨之不復存在。這將爆發一次嚴重的數學危機。

認識到無理數發現的嚴重性後，畢達哥拉斯要求希帕索斯保守這一祕密，然而遭到了希帕索斯的拒絕。為了捍衛他的學說，畢達哥拉斯竟然做出了一個使他終身蒙羞的決定，派人將希帕索斯淹死。本應該接受這個新發現的畢達哥拉斯，卻因為不敢承認自己學說的漏洞，不敢否定自己的整個體系，做出了令希臘數學界難堪的惡行。

難以想像，奉行「和諧友愛」的宗教信條的畢達哥拉斯，卻違背了一個科學家應該有的心胸和態度，犯下了不可饒恕的罪行。其實，我們不是不相信某個人，而是無法擺脫權威欲望的支配。在「肉體」與「靈魂」的較量裡，我們清晰地看到了人類歷史中瘋狂與屠殺的根源。

受肉體欲望束縛污染的靈魂，是人生惡與苦的根源，而理性的純淨的靈魂可以使人進入徹底永恆的幸福之中。靈魂之所以需要淨化，是因為靈魂是獨立於肉體而存在的，而靈魂依附肉體則是靈魂的墮落所致，因此，人需要淨化自己的靈魂，超越肉體及其欲望的束縛，而去往更高的幸福居處。

一個人，可以成為天使，也可以成為魔鬼，其中決定的因素就是靈魂的善惡取向。同樣的，一個人的身體，可以是一具毫無價值的臭皮囊，也可以是一塊難得的稀有珍寶，這其中，決定的也是靈魂的善惡取向：當人的靈魂被肉體役使去貪求各種欲念時，這時的肉體就是沒有價值的，甚而是縱欲作惡的臭皮囊；當靈魂駕馭身體，來追求人生的覺悟和向善之道時，肉體就成為了發揮最大價值的珍寶！

「人身難得今已得，佛法難聞今已聞」，得了大智慧的人身，就不再是一具被空置無用的臭皮囊了，它已變成對己對人都有無盡利益的至寶，可以演化為無量的人間幸福。

人的靈魂淨化，是需要肉體和靈魂合作的。即靈魂和肉體要做個好伴侶。讓靈魂領著肉體走，多關注智慧的養育，少關注身欲的盛求。要關愛身體，讓身體達到健康，能爲靈魂的進步服務。這樣，折磨靈魂的枷鎖也就變成了助長靈魂的階梯。

以平常心來面對人生的悲歡離合

「對境無貪妄，是名平常心。」這就是星雲大師所說的平常心。宋代無門慧開禪師曾作《頌》詩曰：「春有百花秋有月，夏有涼風冬有雪。若無閒事掛心頭，便是人間好時節。」這種怡然自得的心境，這種日日是好日的瀟脫超逸，與星雲大師所言的平常心不謀而合。

所謂的平常心，就是不管時空如何變化，不管人情如何轉變，始終心情平靜，不為瑣事費盡心思，不去鉤心鬥角，每一天都活得輕鬆自在，自然時時都像過節一樣，使人興致高昂。

保持一顆平常心，做到無為、無爭、不貪、知足，保持對名利的淡泊心，對屈辱的忍耐心，對他人的仁愛心，做好每天當做之事，享受每一件事情帶來的快樂，自然會有足夠的力量來承擔生活中永恆存在的挫折和痛苦，也自然能夠獲得更純粹的幸福。

面對人生，我們要選擇閑看雲卷雲舒、花開花落的心境，選擇一種從容自在的人生態度，既要正視生活中的悲歡離合，做到寵辱不驚，也要正確定位自己的人生座標，做到自在隨意。

曾會學士與珊禪師是多年的好朋友。有一次學士外出，偶然遇到了雪竇禪師，於是他就寫了封介紹信給雪竇禪師，讓他到靈隱寺去找珊禪師，告訴他珊禪師一定會照顧他的。

雪竇禪師欣然接受，然後拜別學士，雲遊去了。

這一別就是三年。一次，曾會學士因為公事，來到了靈隱寺。他突然想起了三年前曾介紹過雪竇禪師來這裡，於是便問珊禪師：「雪竇禪師現在怎麼樣了？」

珊禪師疑惑地說：「沒有這個人呀！是不是搞錯了？」

曾會學士說：「怎麼會錯呢？我親自介紹他來的！」

珊禪師十分為難，派人在寺中的上千僧眾中尋找了個遍，可是找了一上午，也沒有找到這個人。

曾會學士說：「你還記得拿我介紹信的那個人嗎？」

珊禪師搖搖頭說：「沒有啊！我從來沒有收到過你寫的介紹信呀！」

珊禪師看學士那麼著急想找到這個人，便和學士一起去找，可是找遍了每一個地方，就是不見雪竇禪師的蹤影。直到天快黑的時候，才在一個很破的屋子的角落裡找到了正在打坐的雪竇禪師。

曾會學士大喜地喊道：「雪竇禪師！」

雪竇見是曾會學士，也感到十分驚喜，他與珊禪師各自作禮。珊禪師一見雪竇禪師，就看出他將來一定會有不一般的造化。

各自寒暄了一陣，曾會學士問道：「三年前我親筆寫的介紹信你給丟了嗎？為什麼不給珊禪師看呢？害得你住這樣的房子！」

雪竇禪師從衣袖裡取出原封未動的介紹信還給曾會，說道：「我只是一個雲遊的和尚，沒有什麼渴求，為什麼要請人介紹呢？」

雪竇禪師保持著這樣的平常心：堅信只要自己努力，就不會被淹沒，因而從未將自己置於某種特殊的位置。他保持著最本真的自我，也在這種平靜與坦然中成就了非凡的人生價值。在雪竇禪師心中，自己只是一名雲遊僧，無欲也無求，掙脫世俗的誘惑，拋卻名利的紛擾，雖默默無聞卻終成正果。

很多人在春風得意時都容易喜形於色，在沾沾自喜中迷失自我。能夠始終保持低調的行事作風的人總是少數，他們無論任何情況下都不顯山露水，卻往往能在「不顯不露中出頭」，這才是智者的幸福哲學。

生命是一種緣，是一種必然與偶然互為表裡的機緣。有時候命運偏偏喜歡與人作對，你越是挖空心思想去追逐一種東西，它越是想方設法不讓你如願以償。

這時候，癡愚的人往往不能自拔，思緒萬千，越想越亂，陷在了自己挖的陷阱裡；而明智的人明白知足常樂的道理，他們會順其自然，不去強求不屬於自己的東西。

事實上，生活中的太多東西是不可以強求的，那些刻意強求的某些東西或許我們終生都得不到，而那些不曾期待的燦爛往往會在我們的淡泊從容中不期而至。

因此，面對生活中的順境與逆境，我們應當保持「隨時」、「隨性」、「隨喜」的心境，順其自然，以一種從容淡定的平常心來面對人生種種悲歡離合。應知平常即是福，顛沛才是苦。我們該在歡樂與苦痛中，享受生活的賜予。

保持平常心，保持真我，自然不為種種情感所困擾，鬱結難舒，也就能成就脫俗的自我，過得心情坦蕩，舒舒服服。

學會善待最愛的人

當你走在路上的時候，看到一個不太熟悉的朋友，可能會很友好地招招手，打一個招呼，問候一下你今天過得怎麼樣。但是如果走在馬路對面上的是你的愛人時你會怎樣做呢？

一個人站在街的這邊會對街那一邊的人白一眼，或者是破口罵上幾句。這樣的景象在陌生人之間很少發生，反而在夫妻間很常見。我們對孩子更是經常如此，對他們大喊大叫，「你讓我要瘋掉了！」媽媽們對孩子說這樣的話並不奇怪。

好了，在街上遇到某個人，你會對他大喊大叫，找個辦法向他表示蔑視或者辱罵他嗎？你對陌生人這樣做的機率是多大？如果你對他們表示蔑視，敵意或者憤怒，那麼他們肯定是做了對你來說特別不能接受的事情。然而，我們中的大多數人對自己親密的人卻經常這樣，不管是家人，朋友還是愛人。

對，因為我們關係更密切，我們可以更加直接地表達自己的情感。但是為什麼呢？為什麼我們對自己不親密的人更好，對自己親密的人更差呢？

兩個人之間可以出現衝突，衝突很重要，關鍵是你要在認知層面，在行為層面來處理它，而不是在情感或情緒層面上去蔑視它。當我們與他人建立戀愛或婚姻關係時，我們需要培養深刻的，有意義的友誼——雙方互相尊重並享受另一個人的陪伴。

愛情表現在事物的細節上，是知道關於對方的一切，是分享並被瞭解。這才是健康的關係，才是持久保持雙方和諧關係的紐帶，是可以持續享受充滿激情的性生活的法寶。

儘管從生理上來說，或者剛開始，大家很自然地傾向於新奇的，獨特的事物，這可以是你們相互之間分享的幻想，但是從長遠的角度來看，為了長期維持和諧的關係，我們需要被瞭解而不是被認可。

在一段健康的關係中，雙方必須善於發現對方的優點，必須懂得欣賞對方。如果婚姻中雙方不懂得欣賞，那麼過了蜜月期婚期就會處於螺線型下滑的趨勢。這種趨勢在大部分這樣的婚姻中都會發生，因為雙方都理所當然地接受對方的優點。如果我們這樣理所當然，那麼婚姻關係就會凋謝死亡。

所以，在婚姻關係中善於發現對方的優點很重要，如果他不會變通，你可以認為他很有原則；如果他油嘴滑舌，你可以認為他很有幽默感；如果對方喜歡打扮，你可以認為他在意你對他的印象……發現對方不僅僅是認識到你沒有認識的部分，看到他的潛能，而是用積極的心態去理解他身上的特點。

曾有人做研究的時候，要求夫婦相互評價對方的優點，然後要求那些與他們關係親密的人評價兩人的優點。

結果發現，當夫妻雙方的評價與親密的人的評價一致時，他們兩個人的關係還可以；當夫妻雙方的評價沒有親密的人的評價高時，那麼總體來說這兩個人的婚姻不會持續太久；當夫妻雙方的評價比親密的人的評價高時，那麼這對夫妻的婚姻關係會一直和諧的保持下去。

也就是說，即使你的愛人並沒有真正有你想的那麼好，但如果你能對他產生「積極的幻覺」，對兩人之間的關係有很好的幫助。而且，我們可以利用愛，來把那種所謂「幻覺」的東西變成現實。

馬斯洛說「愛不僅能看到潛能，並且能把潛能變為現實」。如果你的愛人能夠用愛來挖掘你的潛能，那麼你就是一個真正幸運的人。

不要等著讓別人要求你讚美她，而是要學會主動去讚美人，讚美是免費的。儘管是免費的，但是它又是最好的貨幣，價值無限，因爲不管是讚美著還是被讚美者都可以從它身上得到很多。

第五章

幸福是一輩子的堅持，守得住的才是幸福

活著，便是不斷收穫幸福的過程，每個人都想能長久地擁有幸福生活。然而，很多人都覺得幸福只存在於短暫的瞬間，很難長久維持。這是因為人的心境不平靜，不平靜的原因，多是來自心理的不平衡。追求幸福的人們，獲得持久幸福的祕密不在別處，只要肯打開你的心，感知你眼前的一切，接納自己，堅持有益的活法，最終就能獲得持久的幸福力。

盲目尋找，永遠走不出命運迷宮

印度流傳著一位生活殷實的農夫阿利・哈費特的故事。

一天，一位老者拜訪阿利・哈費特時說道：「倘若您能得到拇指大的鑽石，就能買下附近全部的土地；倘若能得到鑽石礦，還能夠讓自己的兒子坐上王位。」鑽石的價值深深地印在了阿利・哈費特的心裡。從此，他對什麼都不感到滿足了。

那天晚上，他徹夜未眠。第二天一早，他便叫起那位老者，請他指教在哪裡能夠找到鑽石。老者想打消他那些念頭，但阿利・哈費特聽不進去。最後老者只好告訴他：「您在很高很高的山裡尋找淌著白沙的河，倘若能夠找到，白沙裡一定埋著鑽石。」

於是，阿利・哈費特變賣了自己所有的地產，讓家人寄宿在街坊鄰居家裡，自己出去尋找鑽石。但他走啊走，始終沒有找到寶藏。他終於失望，在西班牙盡頭的大海邊投海死了。

可是，這故事並沒有結束。

一天，買了阿利・哈費特的房子的人，把駱駝牽進後院，想讓駱駝喝水（後院裡有條小河）。當駱駝把鼻子湊到河裡時，新房主發現沙中有塊發著奇光的東西。他從那裡挖出一塊閃閃發光的石頭，帶回家，放在爐架上。

過了些時候，那位老者又來拜訪，進門就發現爐架上那塊閃著光的石頭，不由得奔跑上前。

「這是鑽石！」他驚奇地嚷道，「阿利・哈費特回來了！」

「不！阿利・哈費特還沒有回來。這塊石頭是在後院小河裡發現的。」新房主答道。

「不！您在騙我！」老者不相信，「我一走進這房間，就知道這是鑽石。別看我有些嘮嘮叨叨，但我還是認得出這是塊真正的鑽石！」

於是，兩人跑出房間，到那條小河邊挖掘起來，不一會兒便露出了比第一塊更有光澤的石頭，而且以後又從這塊土地上挖掘出了許多鑽石。戈爾康達鑽石礦就是這樣發現的。俄國沙皇皇冠上的奧爾洛夫鑽石，就是從這個鑽石礦挖掘出來的。

如果阿利·哈費特待在家裡，挖一挖自己的地窖、麥田、花園，而不是歷盡艱難困苦，在陌生的土地上盲目地尋尋覓覓，以致最後自殺身亡，他就會擁有自己的鑽石寶地。他的農場的每一英畝，都挖出了鑽石，有些鑽石鑲嵌在了國王和王后們的冠冕上。這好比千千萬萬的世人，因為沒有意識到自己身上巨大的潛能，從而也就沒有找准實現目標的方向，結果與夢寐以求的東西擦肩而過。

在一個人的一生中，對自己的人生定位是很重要的。人生定位決定了一個人的命運，定位準確的人走得也最遠，沒有想法，盲目尋找的人只能在原地踏步。很多時候就是這樣，人生重要的不是所站的位置，而是所朝的方向。

人的興趣、才能、素質也是不同的。如果你不瞭解這一點，沒能把自己的所長利用起來，你所從事的行業需要的素質和才能正是你所缺乏的，那麼，你將會自我埋沒。反之，如果你有自知之明，善於設計自己，從事你最擅長的工作，你就會獲得成功。

每個人身上都蘊藏著巨大的潛能，每個人的命運都蘊藏在自己的胸膛裡。只有善於發現自己的人，才能走出命運的迷宮，找到真正的寶藏。

堅韌的毅力能帶你到達最遠方

非洲的旱季到來，曾經湍急的河流已經變成了一個個小水窪。乾枯的河床在烈日下龜裂在急速擴展。遠處，隱隱傳來了大江的濤聲，魚兒們從一個水窪跳到另一個水窪，奔濤聲而去。

「還有多遠呢？」一個不大的水窪裡，一條大魚喘著粗氣，問躺著歇息的一尾小魚。「遠著呢！別費勁了，到不了大江的。」小魚悠然地在水窪裡游了一圈說，「做什麼大江的夢啊，現實點，就在這兒待著吧！」

「可用不了多久，這水窪裡的水就會乾的。」

「那又怎樣？長路漫漫，你又能走多遠？離大江五十步和離大江一百步有什麼區別？結局都是一樣的。要看結局，懂嗎？」

「即便真的到不了大江，只要我已經盡力了，也不後悔。」

「你已經遍體鱗傷了，老兄！」小魚自如地扭動著自己保養得很好的身體，嘲弄著在小水窪裡已經轉不開身的大魚：「像你這樣笨重的身材，不老老實實在原處待著，還奔什麼大江啊？你以為自己還年輕啊？就算真的有魚能到達大江，也輪不到你！」

小魚戳到了大魚的痛處，它望著小魚說：「真的很羨慕你們有如此嬌小的身材，在越來越淺的水窪裡，只有你們才能自如地呼吸，可是，再苦再難，我們大魚也得朝前奔啊，我們也得把握自己的命運。」

大魚說完，一個縱身，跳入了下一個水窪，它聽見了小魚抑制不住的笑聲。它知道，自己的動作很笨拙，它看見自己的魚鱗又脫落了幾片，而肚皮已滲出斑斑血跡，但它對自己說：「此時此刻，除了向前，已別無選擇。」

水窪的面積越來越小，大魚知道，前面的路將越發艱難，它已很難再喝到水了，偶爾滋潤乾唇的是自己的淚。沿途，它看見大片大片的魚變成了魚乾，其中，有許多是比它靈活得多的小魚。

每一個水窪裡都躺著懶得再動的夥伴，它們大口大口地喘著粗氣，對大魚說：「別跳了，省點力氣吧！沒用的。」而大魚分明聽見了越來越近的濤聲。「堅持，」它對自己說，「唯有堅持，才有希望。」

不知跳了多久，大魚終於看見了大江的波濤，於是一鼓作氣躍向大江。乾旱以無法阻擋的步伐佔領了這片土地。面對已經乾涸的河床，只有跳入大江的魚兒知道成功已經來過。

我們必須時時提醒自己，為人做事必須持之以恆，因為處世如逆水行舟一樣，不進則退。有大學問的人，往往有著勤勉和持之以恆的努力，在一點成就面前就沾沾自喜、滿足現狀，再聰明的人也會有江郎才盡的一天。

尤其是在當代社會，如果我們缺乏耐煩有恆的精神，就無法取得生活和將來工作需要的知識，無法使自己適應急劇變化的時代，我們不僅不能做好本職工作，反而有被時代淘汰的危險。

生命在賜予我們幸運的同時，亦同時給了我們考驗，考驗我們是否有勇氣專注於夢想與希望。堅忍不拔的毅力才能讓夢想綻放無限光彩。

一個人絕對用心地對待生活，以絕對專注完成自己的夢想，他的生命之門才會寬廣。這樣的人哪怕肉體只活了一天，他的人生價值也能得以永恆。生命舞臺之大，只有以堅韌之毅力演繹自己生活的人才可到達人生最遠的地方。

支持與勇氣即是毅力，是集中所有的力量於一點，不論夢想的道路上遇到何種阻礙都能心無旁騖執著前行。

第五章

專注可輾轉出美麗的人生風景

文藝復興時期義大利著名畫家達文西的傑作《最後的晚餐》享譽全世界，可是，《最後的晚餐》是怎麼畫出來的，大概很少有人知道了。

達文西前半生一直際遇坎坷，懷才不遇，三十歲時他投奔到米蘭的一位公爵的門下，希望能給自己創造一些人生機會。在公爵那裡的最初幾年，他一直默默無聞，也沒有什麼重要的事情做，他的畫也沒有得到公爵的賞識，但是他自己一直沒有喪失信心，他始終在自己簡陋的畫室裡執著地畫著。

有一天，公爵來找他，讓他去給聖瑪麗亞修道院的一個飯廳畫裝飾畫。這是一件無足輕重的活兒，一個普通的三流畫家就可以完成，而且似乎也沒有必要在一個飯廳的牆壁上下真功夫，但達文西卻不這樣認為，他從來也沒有敷衍了事地畫過一幅畫，即使是習作。

達文西傾盡了自己所有的才華，日夜站在腳手架上作畫。一個月以後，飯廳的裝飾畫畫完了，很有鑒賞力的公爵立刻意識到這是不可多得的傑作。他立刻找來米蘭的那些大畫家，請他們看看達文西的這幅作品。所有前來的畫家無不為畫作的構思和大膽的用色而驚奇。《最後的晚餐》被慧眼識中後，名不見經傳的聖瑪麗亞修道院霎時遠近聞名，一直默默無聞的達文西則自此揚名。

達文西細心對待一次並不十分重要的工作，成功便在他專注的工作間光顧。再微不足道的工作，只要用心去做，都會有回報，以認真負責的態度走好每一步，就能擁有一個不一樣的人生。

想要讓自己真正的獲得自由而頗有成效，想要讓我們的精力得到充分地利用，就必須要做到將自己的全部注意力集中在與自己息息相關的事情上，專注於分內之事，並且清楚地認識到他人的事情屬於他人，這不是你的事情。只有做到這一點，我們就不會再受制於人，也不會把精力花費到一些挑剔或反對他人的事情上面。

知曉什麼是與我們息息相關的，並對其專心致志，我們就不會被迫去做那些違心之事，他人無法傷害我們，而我們既不會樹敵也不會受傷害。很多人把這些作為他們的人生信條，但是要做到這些其實是很不容易的，因為某些事情我們不得不完全放棄，有些事情不得不暫時往後延續，甚至有時候我們還不得不主動地放棄財富與權力來確保獲得幸福和自由。

充分地扮演好你應該扮演的角色。我們都像戲劇中的演員，而老天爺則是導演，他為我們安排好了角色。每個人在這個世上的角色也會有所不同，有的人將演出短劇，有的要演出長劇。分配給我們的角色也會有窮人、富人、名人、領袖等等之分。我們無法控制老天爺為我們安排什麼樣的角色，唯一能做的是盡自己最大的努力、毫無怨言地賦予這些角色以生命的意義。無論在什麼情況下，都要好好地做與你有關的事情，讀者要好好閱讀，作者要好好寫作，才能把這齣戲演得盡善盡美。

與我們無關的事情不要去理會。只關注與我們有關的重要的事情，忽視那些不值得我們投入精力的閒雜之事，這是現代人類精神進步之後的要求。要想堅定我們的意志，使我們的人生順遂，就要堅定我們的目標。堅定地去做你需要做的事，不要在乎別人的看法，因為那只是他人的看法，而且極有可能是被事情的表像所蒙弊後的主觀意志，並不能對我們的人生起到任何有益的作用。如果因為一些無關緊要的事而被他人認為是愚蠢，也未嘗不是一件好事，因為我們的思想、我們的意志完全被放在了值得我們關注的、對我們的未來有益的事上，我們的目標正在達成之中。

如果面對每一件事，我們都自由的挖掘自己的潛能去應對，在不斷地練習之中養成習慣，那麼，面對生活中的種種意外，我們都能完美的控制自己，輕鬆應對了。

一個人必須把全身心的能量聚焦在一件事情上，才能達到目標。有遠見的人註定比短視近利的人更容易勝出。長遠思考有助於作短程決定。多一分專注，就多一分天才。多一份專注，也就多一份成功。

夢想的種子在堅持中開花結果

二十一歲時，他就被美國著名的青少年雜誌《人物》評選為「二十位將改變世界的年輕人」之一；二十二歲，此前僅報導過一位中國人——鄧小平的美國CBS電視臺播出了他的專題；二十三歲時，他在維也納金色大廳創下音樂會最高票房紀錄。他就是「鋼琴王子」郎朗。

在郎朗九歲那年，為了讓朗朗在鋼琴上得到更好的教育，父親帶著他來到北京，準備報考中央音樂學院附小。父親輾轉周折，終於找到一位很有名氣的老師，沒想到那位老師聽了郎朗的演奏後，卻搖著頭說：「這哪是彈琴，根本就是東北人種馬鈴薯。」父親急了，連聲問道：「不會吧，老師，真有這麼差嗎？難道就沒有其他辦法了？」老師再次無奈地搖了搖頭說道：「你兒子反應遲鈍、缺少靈氣，他不是學這個的料，還是早點回去吧。」在一心一意備戰考試的時候聽到這番話，郎朗失望至極，他在心裡一遍又一遍地問自己：「我真的這麼差嗎？我真的沒有希望了嗎？」無情的打擊讓他一時對彈琴變得冷淡。

面對灰心喪氣的郎朗，父親急得一夜白髮，極度傷心之下，他對郎朗說：「現在擺在你面前的只有三條路，一是吃藥自殺，咱們都不活了；二是跟我回瀋陽，從此不再碰鋼琴；三是繼續學下去。你自己好好想想，明天告訴我！」聽到父親的話，郎朗愣住了，他不知道父親為何這般絕情，更不知道自己究竟該何去何從。一邊是老師無情的打擊，一邊是還未實現便面臨夭折的願望，到底該如何選擇？只有九歲的郎朗陷入了困惑。

經過千百遍的徘徊和思考，雖然九歲的孩子似乎還不能深刻地理解什麼叫「堅持不懈」，但那顆夢想的種子還是在郎朗心裡蠢蠢欲動，對音樂的熱愛和追求終於占了上風，郎朗頓然醒悟：「我的生命就是為音樂而生，我不能放棄！」於是，郎朗更加忘情地投入練習中去，用鋼琴來化解自己對夢想的懷疑，彷彿把自己的靈魂也幻化成了那一格格讓他魂牽夢縈的黑白琴鍵。無數個日夜過去，郎朗終於以第一名的成績考入了中央音樂學院附小，以此開始了他輝煌的人生之旅。

每個人小時屬於自己的理想，做偉人，當科學家，為最傑出的人。當我們年歲增長到可以去實現自己的理想時，我們耳邊不斷縈繞著別人的議論：「別做白日夢了」，你的想法「不切實際、愚蠢、幼稚可笑」，「必須有天大的運氣或貴人相助」或「你太老」、「你太年輕」。在這些議論的連番轟炸之下，是太多的消極意見使你喪失了成功的勇氣，只有那些不顧旁人眼光，

在人生的道路上，無論選擇哪條路，通往成功和幸福的道路總是充滿艱難和阻礙，你甚至還得經歷失敗。這時我們需要的是一種堅持的勇氣，夢想的種子只有在堅持中才會開花結果。

人生不過短短數十年，長不過百載，站在歷史長河的岸邊看，猶如彈指一揮間、白駒過隙。但在人生的沉沉浮浮、起起落落中，終歸要有一個明確的奮鬥目標爲之奮鬥。

把握住現在，就把握住了幸福

日本的親鸞上人九歲時，就已立下出家的決心，他要求慈鎮禪師為他剃度，慈鎮禪師就問他說：「你還這麼年少，為什麼要出家呢？」

親鸞：「我雖年僅九歲，父母卻已雙亡，我不知道為什麼人一定要死亡，為什麼我一定非與父母分離不可，為了探究這層道理，我一定要出家。」

慈鎮禪師非常嘉許他的志願，說道：「好！我明白了。我願意收你為徒，不過，今天太晚了，待明日一早，再為你剃度吧！」

親鸞聽後，非常不以為然地說道：「師父！雖然你說明天一早為我剃度，但我終是年幼無知，不能保證自己出家的決心是否可以持續到明天，而且，師父！你那麼年高，你也不能保證你是否明早起床時還活著。」

慈鎮禪師聽了這話以後，拍手叫好，並滿心歡喜地說道：「對的！你說的話完全沒錯。現在我馬上就為你剃度吧！」

很多時候，我們都沒有親鸞這樣的勇氣，在當下就決斷，總是喜歡拖拉，將今天的事情交給明天。總是藉口有明天，可等到了明天時，因為有今天的事情拖拉，所以明天的事情又會拖到後天，後天如果再偷個懶，連昨天的事情也完不成，這樣的惡性循環下去，人總是在今天完成以前的事情，越來越被一堆事情所拖累，於是也會將自己的生活弄得一團糟，幸福也在不知不覺中溜走了。

佛陀告訴我們，人只能生活在今天，也就是現在的時間中，誰都不可能退回「昨天」或提前進入「明天」。「昨天」是「存在過」的，不可及；「明天」僅是「可能存在」的，同樣不可及。

當你不被過去拖累，也不被未知的煩惱糾纏的時候，你全部的能量都集中在這一時刻，生命因此具有一種強烈的張力。然而大多數的人都無法專注於「現在」，他們總是想著明天、明年，甚至下半輩子的事，時時刻刻都將力氣耗費在未知的未來，卻對眼前的一切視若無睹，便永遠也不會感知幸福。幸福就想鈕扣。當你存心去尋找的時候，往往找不到，唯有讓自己活在「現在」，全神貫注於「現在」的事物，幸福才會不請自來。

空中飛鳥翱翔天際，本身即在天空中，它並未想過向生活索取更大的空間，因爲天空夠寬了；水中游魚，水對它是非常重要的東西，而它並未一味因其重要而操心憂慮。若能以這種積極的態度努力生活，而非處處起煩惱，生活必然愉快。

幸福需要被提醒

幸福並不與財富、地位、聲望、婚姻同步，這只是你心靈的感覺。所以，當我們一無所有的時候，我們也能夠說：我很幸福，因為我們還有健康的身體。當我們不再享有健康的時候，那些最勇敢的人可以依然微笑著說：我很幸福，因為我還有一顆健康的心。甚至當我們連心也不再存在的時候，那些人類最優秀的分子仍舊可以對宇宙大聲說：我很幸福，因為我曾經生活過。

幸福本來就是一種選擇，一個決定。你決定選擇幸福，就可以找到幸福的理由。得到幸福，與你住在多麼高級的社區、有多麼高薪的工作、多少休閒時間、多麼顯赫的頭銜、多少名牌衣服、多麼豪華的房車、多少銀行存款全然沒有關係。智者告訴我們，幸福是一種心境。

你是否幸福，決定權在你，而不在老闆、配偶、朋友，父母、社會，或政府的身上。追求幸福是你的天職。一位智者說：「美國憲法並不保障人民的幸福，只保障人民追求幸福的權利，而幸福得靠自己去追求。」要不要幸福，有賴你的選擇，但請務必把幸福看得比成功重要，因為成功不一定能帶來幸福。

畢淑敏有篇文章中寫道：

我們從小就習慣了在提醒中過日子。天氣剛有一絲風吹草動，媽媽就說：別忘了多穿衣服。才相識了一個朋友，爸爸就說：小心他是個騙子。取得了一點成功，還沒容得樂出聲來，所有關切著你的人會一起說：別驕傲！沉浸在歡快中的時候，自己不停地對自己說：千萬不可太高興，苦難也許馬上就要降臨……

我們已經習慣了提醒，提醒的尾碼詞總是災禍。災禍似乎成了提醒的專利，把提醒也染得充滿了淡淡的貶義。

我們已經習慣了在提醒中過日子，看得見的恐懼和看不見的恐懼始終像烏鴉盤旋在頭頂。

在皓月當空的良宵，提醒會走出來對你說：注意風暴。於是我們忽略了皎潔的月光，急急忙忙做好風暴來臨前的一切準備。當我們睜大著眼睛枕戈待旦之時，風暴卻像遲歸的羊群，不知在哪裡徘徊。當我們實在忍受不了等待災難的煎熬時，我們甚至會惡意地祈盼風暴早些到來。

在許多夜晚，風暴始終沒有降臨。我們辜負了冰冷如銀的月光。

風暴終於姍姍地來了。我們悵然發現，所做的準備多半是沒有用的。事先能夠抵禦的風險畢竟有限，世上無法預計的災難卻是無限的。戰勝災難靠的更多的是臨門一腳，先前的惴惴不安幫不上忙。

當風暴的尾巴終於遠去，我們守住零亂的家園，氣還沒有喘勻，新的提醒又智慧地響起來，我們又開始對未來充滿恐懼的期待。

人生總是有災難。其實大多數人早已練就了對災難的從容，只是還沒有學會災難間隙的快活。我們太注重了自己警覺苦難，太忽視了提醒幸福。

請從此注意幸福！

幸福也需要提醒嗎？

提醒注意跌倒……提醒注意路滑……提醒不要受騙……提醒寵辱不驚……先哲們提醒了我們一萬零一次，卻不提醒我們幸福。

也許他們認為幸福不提醒也是跑不了的。也許他們以為好的東西你自會珍惜，犯不上諄諄告誡。也許他們太崇尚血與火，覺得幸福無足掛齒。他們總是站在危崖上，指點我們逃離未來的苦難。

但避去苦難之後的時間是什麼？

那就是幸福啊！

享受幸福是需要學習的，當幸福即將來臨的時刻需要提醒。人可以自然而然地學會感官的享樂，卻無法天生地掌握幸福的韻律。靈魂的快意和器官的舒適像一對孿生兄弟，時而相傍相依，時而南轅北轍。

幸福是一種心靈的震顫。它像會傾聽音樂的耳朵一樣，需要不斷的訓練。

簡而言之，幸福就是沒有痛苦的時刻。它出現的頻率並不像我們想像得那樣少。人們常常只是在幸福的金馬車已經駛過去很遠時，撿起地上的金鬃毛說，原來我見過她。

人們喜愛回味幸福的標本，卻忽略幸福披著露水散發清香的時刻。那時候我們往往步履匆匆，瞻前顧後不知在忙著什麼。

世上有預報颱風的，有預報地震的，沒有人預報幸福。其實幸福和世界萬物一樣，有它的徵兆。

幸福常常是朦朧的，很有節制地向我們噴灑甘霖。不要總希冀轟轟烈烈的幸福，它多半只是悄悄地撲面而來。你也不要企圖把水龍頭擰得更大，使幸福很快地流失。你需要靜靜地以平和之心，體驗幸福的真諦。

我們常常被生活中的苦難蒙蔽雙眼，從此無法找到幸福的曙光。記住提醒自己要幸福，不要喪失找尋幸福的能力，擦亮雙眼，其實身邊的許多事都是幸福的源泉。常常提醒自己注意幸福，就像在寒冷的日子裡經常看看太陽，心就不知不覺暖洋洋。

打破沉悶的生活模式

潛能的繁衍需要不斷新生的空間，你在一切舊事物的循環之中都無法捕捉到潛能的影子。唯有打破了此時沉悶的生活模式，你才能為潛能打通一個流淌的出口。它會在一種新生的生活模式下源源不斷地釋放自身的力量，讓你獲得最寶貴的能量。

某位推銷員在為自己的工作做總結時，調查了自己每天平均的訪問次數，並將其除以平均訂約的件數後發現，他的顧客可能訂立契約的機率很低，原因在於他在每次得到和大顧客訂約的機會時，總是因為畏縮或怠惰而白白喪失良機，而且他甚至從來沒有訪問過顧客。為了提升業績他開始思考自己的工作現狀及態度。他決心改變現狀，積極地去訪問可以訂立大契約的客戶並增加每天的訪問次數，努力爭取更多的訂單。此後，這位推銷員的能力開始得到了大的提升，五個月後，他獲得了比從前多五倍的訂單。

還有有一位上班族，他每個月的收支都呈赤字，只有靠著年終獎金才能勉強平衡，因此他整天悶悶不樂，覺得自己是一個毫無成就的人。這樣的狀況持續了很久，後來有一天他反問自己：「為什麼別人賺得比我多？」仔細思考後，他得出了兩種增加收入的方法：第一，更加努力地工作；第二，做些副業以增加收入。他決定兩種方法同時進行。他對生活的重新規劃得到了回報，他努力地投入的效果呈現在眼前：以前他每個月要為家庭赤字而焦頭爛額，而現在，他終於有了為數不小的家庭儲蓄了。

故事中的這兩個人原本的生活可謂循規蹈矩，毫無作為。但是，自從他們改變了舊有的模式，打破了沉悶的生活，內在的潛能也因此被他們調動出來，極大程度地改變了他們的生活。

潛能的釋放需要特有的振動頻率。如果生活過於沉悶，那麼你必然不會提起太大的興趣。這種毫無感覺的麻木狀態讓自身的能量場也如一汪死水一般，毫無波瀾。整個能量場只是維持著以往的頻率運轉，無法讓你產生任何調動潛能的念頭；如果打破了沉悶生活，為生活注入一些鮮活的元素，那麼你自然會被各種新奇的事物調動起興趣。整個能量場也會隨之鮮活靈動起來，它的振動頻率也必然不會像平常一樣，而是保持一種獨特的頻率。潛能恰恰接受這種振動頻率，在這種頻率下，它才會被你調動起來，釋放出源源不斷的力量。

沉悶單調的生活阻礙了潛能的釋放，而這種生活同樣讓人們喪失了鬥志。與其終其一生尋找成功的影子卻碌碌無為，倒不如走出陳舊的生活模式，給潛能提供一個流淌的出口。那麼，不管你現在是個學生還是上班族，不管你此時是否年輕，都可以從現在開始重新規劃自己的人生，讓深埋於心底的潛能甦醒與繁衍。打破陳舊必然伴隨著新生的能量一同誕生，這是毋庸置疑的。正所謂「舊的不去、新的不來」，當你身邊一切舊有的負面的能量全部被新生的能量替代時，內在的潛能也會開始甦醒。因為它意識到了你想改變自己的生活，你有獲得美好生活的決心與勇氣。因而，它會竭盡全力地幫助你，從而讓你獲得意想不到的成功。

如果天才按照別人爲他們設計的道路走，一輩子也不可能成才。只有走專屬於自己的道路，不爲他人的議論所左右，才能創造出自己人生的輝煌。

學會釋懷才能讓你活得更自在

深邃的天空容忍了雷電風暴一時的肆虐，才有風和日麗；遼闊的大海容納了驚濤駭浪的猖獗，才有浩渺無垠；蒼茫的森林忍耐了弱肉強食一時的規律，才有鬱鬱蔥蔥。釋懷是壁立千仞的泰山，是容納百川的江河湖海。

不管事情的緣由是怎樣，遇到這種情況的時候，都要學會寬容，學會釋懷。人的本性是善良的，世上沒有絕對的壞人，人會犯錯可能因為一時的糊塗，一時的迷惑。帶著愛去寬容，到處都是鳥語花香。

一天，禪師吃過晚飯，來到禪院散步。突然發現在院落的牆角下擺著一張椅子。他猜想，肯定是有人不顧寺廟的規矩而翻牆出去了。禪師走過去，把椅子移開，自己順著椅子原來所在的地方蹲了下來。

一段時間過後，牆的那邊開始有動靜，一個小和尚攀著牆垣，翻身而入。黑暗中，他的雙腳踩在禪師的背上，他以為是之前自己擺在此處的椅子。落地時才發現，原來是自己的師傅蹲在地上。小和尚驚嚇不已，害怕的不知道如何是好。

禪師拍了拍身上的塵土，沒有責怪他，反而關心地說道：「夜深了，趕緊回房間多穿件衣服，以免著涼。」

小和尚既意外，又感動。他意外師傅沒有責備他；他感動師傅寬容而又慈悲。從這以後，小和尚中規中矩，再也不私自離開寺院。

小和尚違反寺規的行為被禪師發現了，他完全可以把他抓起來，用寺規懲罰他。但是禪師卻沒有這樣做，反而是用愛寬容的釋懷了小和尚的過錯，繼而感染了小和尚，讓他從此之後心甘情願的遵循。

每一天，我們都接觸各式各樣的人和事，不可能每一樣都順心如意，總有不開心的時候。這個時候，我們該怎麼辦？罵一頓？打一架？還是自己在那裡生悶氣？不管是怎樣，自己的心情都會跌到谷底。而對方也可能會因為你的一時記恨和計較而和你成為了仇家。

我們每個人都需要有愛，給自己、給家人、給朋友、給素不相識的陌生人，也就產生了親情、友情與愛情。當愛之花在心靈深處綻放的時候，當我們深深體味愛的芬芳時，世間的一切煩惱與紛爭、困惑與誤解都會化為一縷清風飄然而去，留下的只有那一份脈脈的溫情。

眾生有罪，禪講究釋懷。要知道，寬恕別人所不能寬恕的，是一種異常高貴的釋懷。釋懷是一種美。

我們要學會記住別人對你的幫助，忘卻自己對別人的不滿，學會寬容才能讓你活得更自在、更輕鬆，坦然地去面對旅途中的風風雨雨。

幸福是所擁有的生活，而非所期望的

人們一談論幸福，總是把物質上的富人和窮人放在一起對比，似乎這樣才有說服力。

窮人說：「幸福就是現在。」

富人望著窮人漏風的茅舍、破舊的衣著，說：「這怎麼能叫幸福呢？我的幸福可是百間豪宅、千名奴僕啊。」

一場大火把富人的百間豪宅燒得片瓦不留，奴僕們各奔東西。一夜之間，富人淪為乞丐。七月流火，汗流浹背的乞丐路過窮人的茅舍，想討口水喝。窮人端來一大碗清涼的水，問他：「你現在認為什麼是幸福？」

乞丐眼巴巴地說：「幸福就是現在口渴時這碗水。」

富人，乞丐，同樣一個人，境況不同，怎麼對幸福的看法會有所不同呢？也許下面的這個寓言能幫我們找到答案。

老虎和獵豹一同狩獵。天快黑了，獵豹說：「虎弟，我們的獵物已夠多的了，現在就回家吧。」「再等一會兒，我還想獵一隻羚羊什麼的，才獵了幾隻野兔，你就覺得滿足了，真沒出息。」

突然，一隻羚羊從它們身旁一閃而過。老虎立即撒開四腿，猛追過去。卻不曾想，天黑路滑，腳下一鬆勁，滾下了山坡。等獵豹趕到山坡下時，老虎只剩下最後一口氣了。「獵豹兄，請告訴我兒子一句話：即使擁有整個世界，一天也只能吃三餐，睡一張床。」說完這句話後，老虎便斷了氣。

如果老虎能知足於它所擁有的獵物，不去追逐它期望的那隻羚羊，也就不會失足喪命。

我們想要過上有尊嚴的生活，有車有房，有好的工作。一時無法全部得到，我們就不停地去想我們所沒有的，並且有一種不滿足感。如果我們確實得到想要的，我們又會在新的環境中重新創造這樣的想法。因此，儘管得到了我們所想要的，我們仍舊不高興。

一位心理學家指出：最普遍的和最具破壞性的傾向之一就是集中精力於我們所想要的，而不是我們所擁有的。這和我們擁有多少似乎沒有什麼關係；我們只需要不斷地擴充我們的欲望名單，這就確保了我們的不滿足感。

其實這也是一種心理機制：「當這項欲望得到滿足時，我就會快樂起來。」可是一旦欲望得到滿足後，這種心理作用卻不斷重複。

幸運的是，有個可以快樂起來的方法，那就是改變我們思考的重心，從我們所想要的轉而想到我們所擁有的。不是期望你的愛人是別人，而是試著去想她美好的品質；不是抱怨你的薪水，而是感激你擁有一份工作；不是期望你能去夏威夷度假，而是想到你家附近亦有樂趣，這有多幸福。

學會知足，要盡力改變你的思考重心，從「我期望生活有所不同」的陷阱中退出來，學會感謝你所擁有的，你就會感到幸福。

時時去感恩，時時關照自身。這樣，保持一顆初心，生活就少了許多煩惱，人生也就多了很多美麗。

珍惜生活中細微的幸福

幸福並非是三年小成，五年大成後的滿足，因為大多數的人都生活在平凡的俗世中，正因如此，幸福的真諦就是發於真性情，做自己喜歡做的事情，由此得到的小小快樂即是幸福。這種幸福簡單而不花俏、真實而不虛浮，看得見摸得著。俏

與存在於我們內心的東西相比，周圍的一切其實都是微不足道的。人們對「成功」的需求是永無止境的，很多人沒完沒了地去追求大家普遍認同的來自外部世界的誘惑，儘管他們可以在某些方面得到快樂和滿足，但是這些東西最終帶給我們的往往是患得患失的壓力和令人疲憊不堪的混亂。

我們的生活和電腦系統的情況十分類似，現代人的生活太複雜了，到處都充斥著金錢、功名、利欲的角逐，到處都充斥著新奇和時髦的事物。被這樣複雜的生活所牽扯，我們能不疲憊嗎？如果你想過一種幸福快樂的生活，就不能背負太多不必要的包袱，要學會刪繁就簡。

春秋戰國，天下紛爭，諸侯們每天想著就是如何消滅對方，擴大自己的疆土。一次，齊國背叛了與魏國的盟約，讓魏國遭受到了很大的損失，為了報仇，魏王決定攻打齊國。就在大軍就要出發之時，當時聞名全國的賢士戴晉人說要求見魏王，魏王同意了。見到魏王后，戴晉人給魏王講了個故事：「蝸牛長著兩隻觸角。左面的角上有一個國家，稱為觸氏；右面的角上有一個國家，稱為蠻氏。為了爭奪領地，兩國交兵開戰，伏屍數萬，勝者追了十又五天，才收兵回營。」

魏王笑道：「你這個故事很有意思，可是，這與我有什麼關係？」

戴晉人說：「這跟大王您有密切的關係，不信的話，我來為你論證一下：以大王來看，四方上下有窮盡嗎？」

魏王說：「沒有窮盡。」

戴晉人又問：「人的心巡遊過無窮無盡的宇宙之後，返回到人世，可不可以說人世渺小到了似有似無？」

魏王說：「對。」

戴晉人緊跟著又問：「人世既然渺小到了可有可無的地步，而魏國只是人世間的一個很小的地方，國都又是魏國之中很小的一塊地方，大王又是國都中很小的一個形體，那麼，相對於無窮無盡的宇宙而言，跟蝸牛右角上蠻氏國的國王又有什麼分別呢？」

魏王說：「沒有什麼分別。」說完這句話，魏王突然覺得征戰和擴疆都是無聊之舉，交兵爭勝，所得不過蝸牛一角之地，實在沒有多大意義。

按戴晉人的意思說來，國家征戰不過是在一畝三分地上做的小孩遊戲而已，與蒼茫宇宙相比，渺小而不堪用，沒有任何意義，照此說來，人生在世又何嘗不是如此？有人早出晚歸，披星戴月，想要一番作為，這固然不錯，但同時卻又失去了平常生活中的平常樂趣，所謂幸福的滋味也就再也找不回來了。

幸福並不是什麼高不可攀的人生終極理想，也不是某種特權。就像我們垂釣於江河，但見水波連連；躺身於綠野，望雲彩之飄搖。幸福亦是如此，很多人以為香車寶馬，美人錦食伴身，談笑有鴻儒，往來無白丁，抑或閑趣於江湖，撫琴弄簫，不亦快哉？這當然是美好而令人羨慕的好事，但我們也看到，這種「欲」過於龐大，讓人不易消化，他需要人們在追求這些東西的同時，放棄一些原本寶貴的東西，比如時間，比如愛好，比如簡單的人際關係。當這些同樣美好的事物逐漸被我們丟棄時候，我們還能體會到生活細微處的滿足與快樂嗎？沒有這些小小的滿足與快樂，幸福又從何而得？

在一個小鎮上，有個年輕人，他想追求幸福，但是又不知道什麼是幸福，於是經人指引，找到了智者。當智者瞭解了年輕人的來意後，交給他一把盛滿水的湯匙。年輕人不明白智者的意思，便向他請教，智者並沒說什麼，只讓這個年輕人拿著裝滿水的湯匙外出遊走一回，路上看到有什麼風景回來告訴智者就行。年輕人端著湯勺邊走邊看，他經過熱鬧的集市，看到琳琅滿目的商品，欣賞到悅目的景色，還有一個個如花似玉的美麗女子。年輕人將這些景物一個不落地記在心底，下午，他回到了智者的家中。年輕人滔滔不絕地向智者講述了自己所看到的一切，當他說完後，發現手中的湯匙早已滴水未剩。智者讓他再去外面走一圈，這一次，年輕人小心翼翼地呵護湯匙，唯恐湯匙裡的水流到外面，但是當他回來時，發現湯匙裡的水雖然還在，腦子裡面卻是一片空白。這時候，智者對年輕人說道：「幸福就是你欣賞了美景的同時也守住了這匙中的水。」

智者的話令人深思，我們的美景在哪裡，我們的水又是什麼？實際上，美景一如美酒佳餚，而那湯匙裡的水，就是我們內心的歸宿。

誘惑是一種致命的病毒，會侵蝕每一個缺乏免疫力的大腦。貪婪是一枚青澀的果子，成熟之後，就是一種誘惑。誘惑則是個美麗的陷阱，落入其中者必將害人害己，無法自救；誘惑又是糖衣炮彈，無分辨能力者必定被擊中；誘惑還是一種致命的病毒，會侵蝕每一個缺乏免疫力的大腦。

這個世界有著太多的浮躁，有著太多的誘惑，一不小心就會掉入欲望的陷阱，所以，為人一定要守本分，堅守自己的立場才能將誘惑拒之門外。我們需要保持一份本真的自我，給自己的心靈留一塊清淨之地。

簡單的生活，也能詮釋幸福

東晉時期的田園詩人陶淵明，看不慣官場的黑暗來往，毅然決然辭官歸里，過著「躬耕自資」的生活。夫人翟氏，與他志同道合，安貧樂賤，「夫耕於前，妻鋤於後」，共同勞動，維持生活，與勞動人民日益接近，息息相關。

歸田之初，他們的生活還可以。「方宅十餘畝，草屋八九間，榆柳蔭後簷，桃李羅堂前。」淵明愛菊，宅邊遍植菊花。「采菊東籬下，悠然見南山」至今膾炙人口。他性嗜酒，飲必醉。朋友來訪，無論貴賤，只要家中有酒，必與同飲。他先醉，便對客人說：「我醉欲眠卿可去。」

義熙四年，由於家中失火，於是遷至栗里，今星子溫泉栗里陶村，生活開始困難。如逢豐收，還可以「歡會酌春酒，摘我園中蔬」。如遇災年，則「夏日抱長饑，寒夜列被眠」。義熙末年，有一個老農清晨叩門，帶酒與他同飲，勸他出仕：「襤褸屋簷下，未足為高棲。一世皆尚同，願君汨其泥。」大致勸他為了擺脫貧苦，混跡於官場，融入官場的黑暗也未嘗不可。可是陶淵明拒絕了，他對老農說：「若要過如此的生活，我何必落到今天的境況?官場不適合我，還是算了吧。」

到了晚年，陶淵明的生活愈來愈貧困。有的朋友主動送錢周濟他，有時，他也不免上門請求借貸。他的老朋友顏延之，任始安郡太守，經過潯陽，每天都到他家飲酒。臨走時，留下兩萬錢，他全部送到酒家，陸續飲酒。依舊粗茶淡飯，每天吃的菜都是園子裡自己親手種的。

也許，這種生活方式該算最徹頭徹尾的「簡單生活」了。自己耕種自己收穫，陶醉於山水之中，不被世俗所束縛。

人們幾乎都在透過自己獨特的途徑探索最簡單的、最符合心靈需求的新生活方式，以替代目前日漸奢侈、日漸繁冗的生活。這也正是簡單生活運動要做的事情。

簡單的生活，快樂的源頭，為我們省去了汲汲於外物的煩惱，又為我們開闊了身心解放的快樂空間。「簡單生活」並不是要你放棄追求，放棄勞作，而是誠實地面對自己，想想生命中對自己真正重要的是什麼?，然後要抓住生活、工作中的本質及重心，以一兩撥千斤的方式，去掉世俗浮華的瑣務。

恢復簡單的心境，用簡單的思想經營生活，也能有風情萬種的體驗。自然，很多人對「簡單」有一定的誤解，覺得「簡單的生活」就是清淡和貧苦，是受罪的代名詞。可能我們自己也知道，並不是奢華的東西才能讓我們感覺到精神上的富有，也並不是大房子和汽車能夠充盈我們的心靈。有時候，一頓簡單的晚餐，一句簡單的問候，一張簡單的卡片，或者一首簡單而又甜美的小詩，就能夠滿足我們的內心，讓我們感受到生活的幸福。

生活，不需要很奢華，簡單的人生卻可以恰到好處的詮釋幸福。

生活總是不能圓滿的，它總會給人生留下很多空隙，這其中最大的空隙就是理想與現實的距離。也許你想成為太陽，可你卻只是一顆星辰；也許你想成為大樹，可你卻只是一株小草；也許你想成為大河，可你卻只是一泓山溪……

擁抱幸福，別辜負美景

習慣了的幸福，小心成了理所當然，然後不知不覺中怠慢了它。熟悉了的生活，小心成了千篇一律，然後迷迷糊糊中遺失了它。

幸福如酒，有時我們沉醉其中，其實也是昏睡其中。愛情打盹的時候，往往就是你習慣了幸福，熟悉了愛人的時候，因為精力不集中，所以也是愛情最危險的段落；最容易出車禍的地方，往往不在險峻的山路，而多在平鋪直敘、風景迷人的平原高速路上。

雖然幸福沒有統一的答案，也沒有固定的模式，但是它需要一種捕獲的心境。幸福的內涵無限豐富，只要你善於捕捉，用心靈去發現，哪怕是一條溫暖的短信問候，一句關愛的叮嚀，一縷初夏的涼風，一幕日常生活瑣碎的片段……你都能從中感受到幸福，因為你擁有一顆懂得享受幸福的心。幸福就像山坡上靜吐芬芳的野花，沒有圍牆，也不需要門票，只要有一顆清淨的心和一雙未被遮住的眼睛，就能看到。

周日午後，楊玲有些無聊，陷在沙發裡翻閱家庭相冊，在看到一張與先生的合影時，忍不住笑了，一米九的他肩上背著一個極不協調的女包，那是她的肩包。突然，她有些心疼，然後回憶起兩人第一次上街的情景，那是一條著名的大街。兩人初次見面，微笑，還沒有握手，他就第一時間主動地把她手裡包接過去很自然地掛在自己的肩上，彷彿義不容辭，這是他留給楊玲的第一印象；但是結婚後，她怎麼就漸漸忘記了這個生動的歷史鏡頭，更慚愧的是，從那以後，只要兩人在一起，所有的包都是他主動攬下，背著，而自己早已視而不見熟視無睹，忽略了這些愛的細節，當然也就沒有了感動，只有習慣。

當晚，楊玲在部落格裡寫了篇日記，檢討內心那可怕的「麻木」，對愛和幸福的麻木，她說「幸福的日子總是過得快也忘得快。」自從前年買了轎車後，楊玲也荒蕪了與愛人一度擠公車的那些美好溫暖的記憶了，上下班就從沒了從前彼此摟著的「擠」和「靠」著的熱了！

第二天，剛好是「世界無車日」，號召大家停止開車一天，特別是公務員要帶頭。結果公車爆滿，每一車都「擠擠」一堂。「覺醒」的楊玲，早早地與外號一九〇的先生攜手在路邊停靠站等車，他們的單位是在同一路線上，之前都是丈夫一九〇開車送她，順風順水，一氣呵成。今天雙雙一起同甘共苦等公車，楊玲才警覺，很久沒有「仰望」高高的他了，平常坐在先生右側，她的風景也似乎是右側車窗外的美，而很少仔細領略一九〇那張專注認真而溫柔的臉……

眼看快要遲到了，他們才艱難地擠上同一輛公車，兵分兩路，楊玲化險為夷從前門上車，一九〇則靈機一動從後門上車：上車後，楊玲一直在找後面的一九〇，因為他長的高，所以能看到他，而他看正在四處張望，尋找太太，眼神裡寫滿焦急，楊玲心頭一熱，久違的感動，終於又回到心頭。

就這樣，每過一站她就往後挪一個位置，同時看到先生一九〇也往前一點點挪，經過七個站，兩人終於在中門抱在一起了，好像久別重逢，甚至有破鏡重圓的恍惚與驚喜，這時楊玲也正好到站下車了。

這個擁抱讓楊玲終生難忘。幸福是需要緊緊抱住的，而且要常抱如新；也如刀，不用就鈍了鏽了。

我們活在這個世界上，每天不斷地奔跑，甚至奔命，追逐的，是世俗的需要，而非心靈的需求。有一首民歌唱道：你眼前有的景，你沒有看；你手頭有的福，你沒有享。是啊，我想說的是，我們多少人，在人生的這一刻，不正活在這人世間最美的至境中嗎？可是，又有多少人，意識到了這一點，感受到了這一點？於是，多少眼前的美景被辜負了，多少手頭的幸福白白地流逝了。

富可敵國的人，未必找到了快樂；權傾一方的人，未必尋覓到了幸福。快樂和幸福，說到底，不是金錢和權力，只是心底裡的一種安閒與寧靜。

人生平凡不平庸

正面思考系列 43

塞涅卡說：願意的人，命運領著走；不願意的人，命運拖著走。
兩個人從鐵窗朝外望去，
一個人看見滿地的泥濘，
另一人卻看到滿天繁星。
對於命運，我們不僅僅應該對抗、改變，也應該接受、理解。

生命卑微不卑賤

正面思考系列 44

天災人禍頻繁的當下，
人們總是會不斷的檢視自己，到底是多麼的渺小。
但是不管感覺自身多麼微不足道，
只要這個世界還沒決定放棄你，你就不能放棄自己！

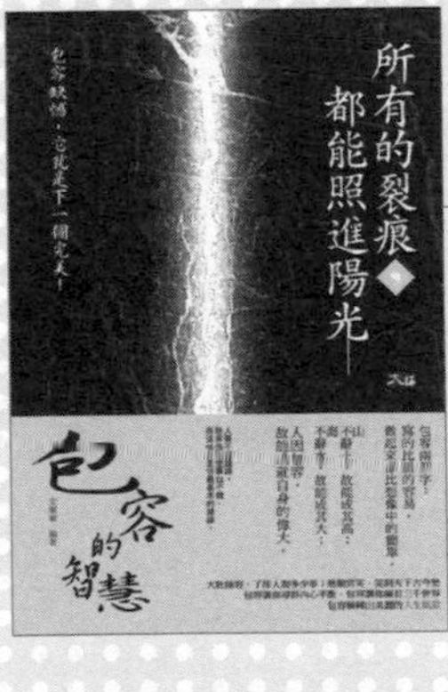

所有的裂痕，都能照進陽光——包容的智

正面思考系列 45

包容缺憾，它就是下一個完美！
包容兩個字：寫的比說的容易，做起來卻比想像中的簡單。
海不辭水，故能成其大；山不辭土，故能成其高；人因包容，故能成就自身的偉大。

謝謝您購買 幸福是你的名詞？還是動詞？ 這本書！

即日起，詳細填寫本卡各欄，對折免貼郵票寄回，我們每月將抽出一百名回函讀者寄出精美禮物，並享有生日當月購書優惠！

想知道更多更即時的消息，歡迎加入"永續圖書粉絲團"

您也可以利用以下傳真或是掃描圖檔寄回本公司信箱，謝謝。

傳真電話：（02）8647-3660　　信箱：yungjiuh@ms45.hinet.net

☺ 姓名：＿＿＿＿　□男　□女　□單身　□已婚

☺ 生日：＿＿＿＿　□非會員　□已是會員

☺ E-Mail：＿＿＿＿　電話：（　）＿＿＿＿

☺ 地址：＿＿＿＿

☺ 學歷：□高中及以下　□專科或大學　□研究所以上　□其他＿＿＿＿

☺ 職業：□學生　□資訊　□製造　□行銷　□服務　□金融
□傳播　□公教　□軍警　□自由　□家管　□其他＿＿＿＿

☺ 您購買此書的原因：□書名　□作者　□內容　□封面　□其他＿＿＿＿

☺ 您購買此書地點：＿＿＿＿　金額：＿＿＿＿

☺ 建議改進：□內容　□封面　□版面設計　□其他＿＿＿＿

您的建議：＿＿＿＿

廣告回信
基隆郵局登記證
基隆廣字第57號

新北市汐止區大同路三段一九四號九樓之一

大拓文化事業有限公司收

請沿此虛線對折免貼郵票，以膠帶黏貼後寄回，謝謝！

想知道大拓文化的文字有何種魔力嗎？

- 請至鄰近各大書店洽詢選購。
- 永續圖書網，24小時訂購服務
  www.foreverbooks.com.tw
  免費加入會員，享有優惠折扣
- 郵政劃撥訂購：
  服務專線：(02)8647-3663
  郵政劃撥帳號：18669219